Coleção Eu gosto m@is

CÉLIA PASSOS

Cursou Pedagogia na Faculdade de Ciências Humanas de Olinda – PE, com licenciaturas em Educação Especial e Orientação Educacional. Professora do Ensino Fundamental e Médio (Magistério) e coordenadora escolar de 1978 a 1990.

ZENEIDE SILVA

Cursou Pedagogia na Universidade Católica de Pernambuco, com licenciatura em Supervisão Escolar. Pós-graduada em Literatura Infantil. Mestra em Formação de Educador pela Universidade Isla, Vila de Nova Gaia, Portugal. Assessora Pedagógica, professora do Ensino Fundamental e supervisora escolar desde 1986.

VOLUME 1

EDUCAÇÃO INFANTIL

3ª edição
São Paulo
2020

IBEP

MATEMÁTICA

Coleção Eu Gosto M@is
Educação Infantil – Matemática – Volume 1
© IBEP, 2020

Diretor superintendente	Jorge Yunes
Diretora editorial	Célia de Assis
Assessoria pedagógica	Mariana Colossal
Edição e revisão	RAF Editoria e Serviços
Produção editorial	Elza Mizue Hata Fujihara
Assistentes de produção gráfica	Marcelo de Paula Ribeiro
Estagiária	Verena Fiesenig
Iconografia	IBEP
Ilustração	Bruna Ishihara, Eunice – Conexão Editorial, Fábio – Imaginário Studio, João Anselmo e Izomar, Luyse Costa
Projeto gráfico e capa	Aline Benitez
Ilustração da capa	Box&dea
Diagramação	Nany Produções Gráficas

3ª edição – São Paulo – 2020
Todos os direitos reservados

IBEP

Rua Gomes de Carvalho, 1306 – 11º andar – Vila Olímpia
São Paulo-SP – 04547-005 – Brasil – Tel.: (11) 2799-7799
www.ibep-nacional.com.br

CIP-BRASIL. CATALOGAÇÃO NA PUBLICAÇÃO
SINDICATO NACIONAL DOS EDITORES DE LIVROS, RJ

P32e
3. ed.
v. 1

Passos, Célia
  Eu gosto mais : matemática : educação infantil, volume 1 / Célia Passos, Zeneide Silva. - 3. ed. - São Paulo : IBEP, 2020.
  : il. (Eu gosto m@is ; 1)

  ISBN 978-65-5696-020-3 (aluno)
  ISBN 978-65-5696-021-0 (professor)

  1. Matemática - Estudo e ensino (Educação infantil). 2. Livros de atividades pré-escolares. I. Silva, Zeneide. II. Título. III. Série.

20-64663 CDD: 372.21
          CDU: 373.2.016:510

Meri Gleice Rodrigues de Souza - Bibliotecária CRB-7/6439
18/05/2020   25/05/2020

Impressão e Acabamento
Oceano Indústria Gráfica e Editora Ltda
Rua Osasco, 644 - Rod. Anhanguera, Km 33
CEP 07753-040 - Cajamar - SP
CNPJ: 67.795.906/0001-10

MENSAGEM AO ALUNO

QUERIDO ALUNO, QUERIDA ALUNA,

QUE MARAVILHA SABER QUE VAMOS TRABALHAR JUNTOS DURANTE TODO ESTE ANO!

A COLEÇÃO **EU GOSTO M@IS** FOI FEITA PARA CRIANÇAS COMO VOCÊ.

ESCREVEMOS ESTE LIVRO COM MUITO CARINHO E ESPERAMOS QUE VOCÊ DESCUBRA E CONHEÇA AINDA MAIS O AMBIENTE EM QUE VIVE.

CUIDE MUITO BEM DO SEU LIVRO. ELE SERÁ SEU COMPANHEIRO NO DIA A DIA.

UM GRANDE ABRAÇO,

AS AUTORAS

SUMÁRIO

CONTEÚDOS	LIÇÕES
Cores	2, 3, 4
Traços	8
Noção: quantidade	1
Noção: grande/pequeno	5, 6
Noção: igual/diferente	9, 10, 35
Noção: alto/baixo	11, 12
Noção: curto/comprido	16, 17
Noção: perto/longe	18, 19
Noção: dentro/fora	22, 23
Noção: embaixo/em cima	24, 25
Noção: muito/pouco	26, 27
Noção: de frente/de costas	28, 29
Noção: em pé/sentado	30, 31
Noção: cheio/vazio	32, 33
Noção: pesado/leve	36, 37
Noção: grosso/fino	38, 39

CONTEÚDOS	LIÇÕES
Noção: aberto/fechado	40
Figura plana: círculo	7, 35
Figura plana: quadrado	13, 14, 15, 35
Figura plana: triângulo	20, 21, 35
Percepção visual	34
Número 1	41, 42, 43, 44
Número 2	45, 46, 47, 48
Número 3	49, 50, 51, 52, 53, 54
Número 4	55, 56, 57, 58, 59
Número 5	60, 61, 62, 63, 64
Número 6	65, 66, 67, 68
Número 7	69, 70, 71, 72, 73
Número 8	74, 75, 76, 77, 78
Número 9	79, 80, 81, 82, 83
Número 10	84, 85, 86, 87, 88, 89, 90, 91, 92

ALMANAQUE	PÁGINA 97
ADESIVOS	PÁGINA 105

LIÇÃO 1

QUANTOS ANOS VOCÊ TEM?

PINTE A QUANTIDADE DE VELAS EM RELAÇÃO À SUA IDADE.

LIÇÃO 2

CONTINUE A PINTAR COM AS CORES INDICADAS.

LIÇÃO 3

LIGUE AS FIGURAS QUE TÊM A MESMA COR.

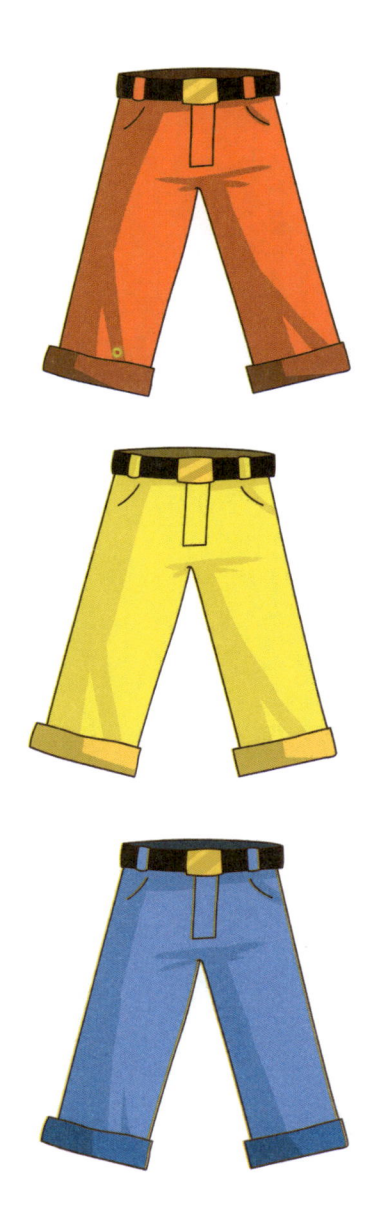

LIÇÃO 4

PINTE CADA POTE DE TINTA COM A COR **IGUAL** À DA SUA TAMPA.

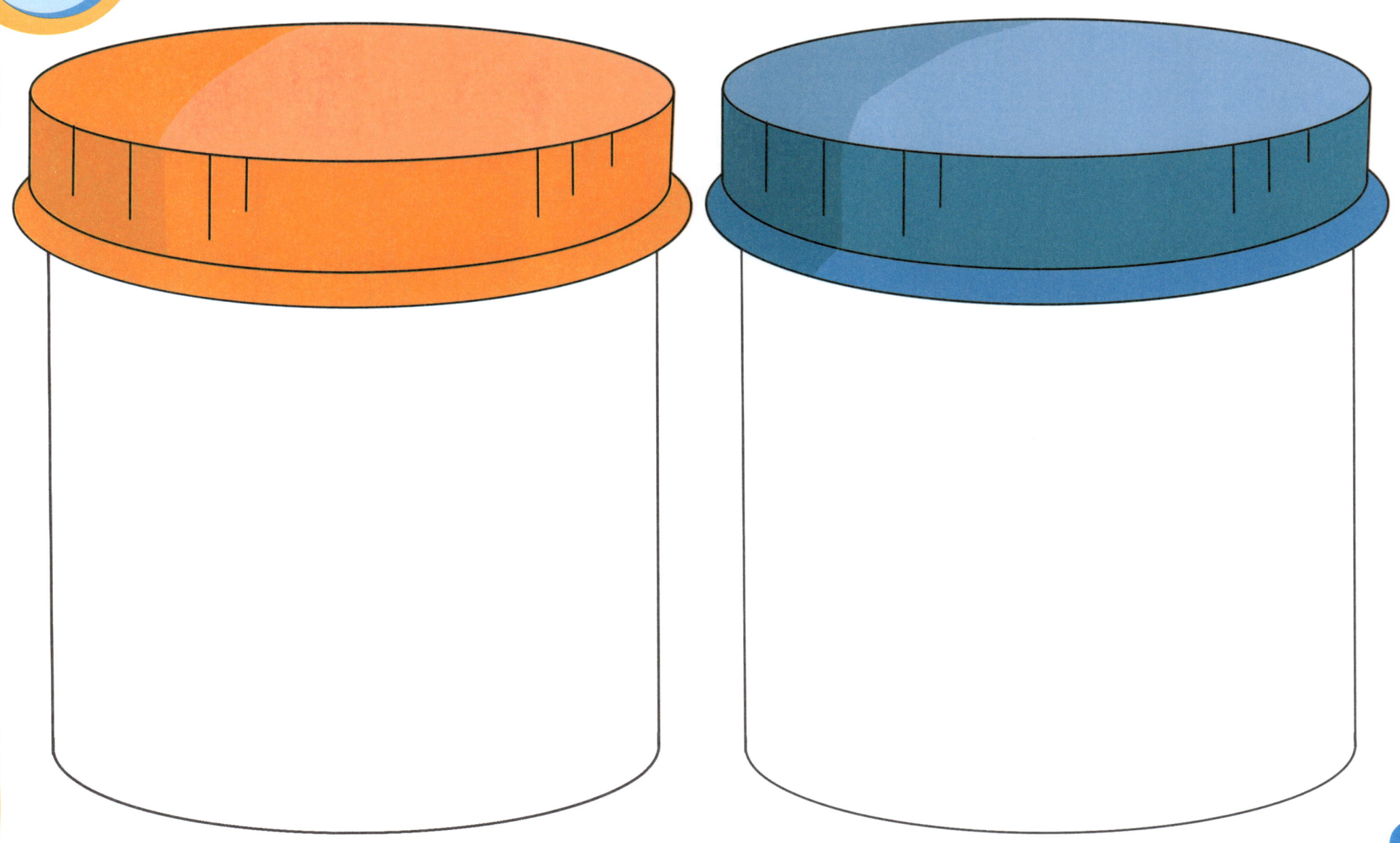

LIÇÃO 5

CIRCULE DE VERMELHO A BOLA **GRANDE**.

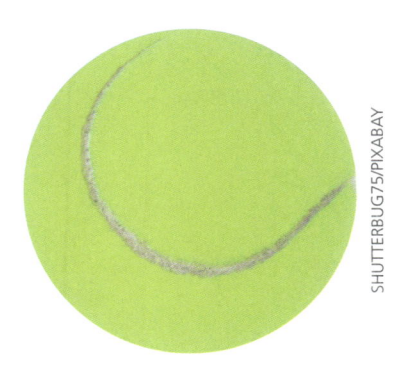

LIÇÃO 6

CIRCULE DE AMARELO O AVIÃO **PEQUENO**.

LIÇÃO 7

COMPLETE O **CÍRCULO** PARA QUE FIQUE IGUAL AO MODELO.

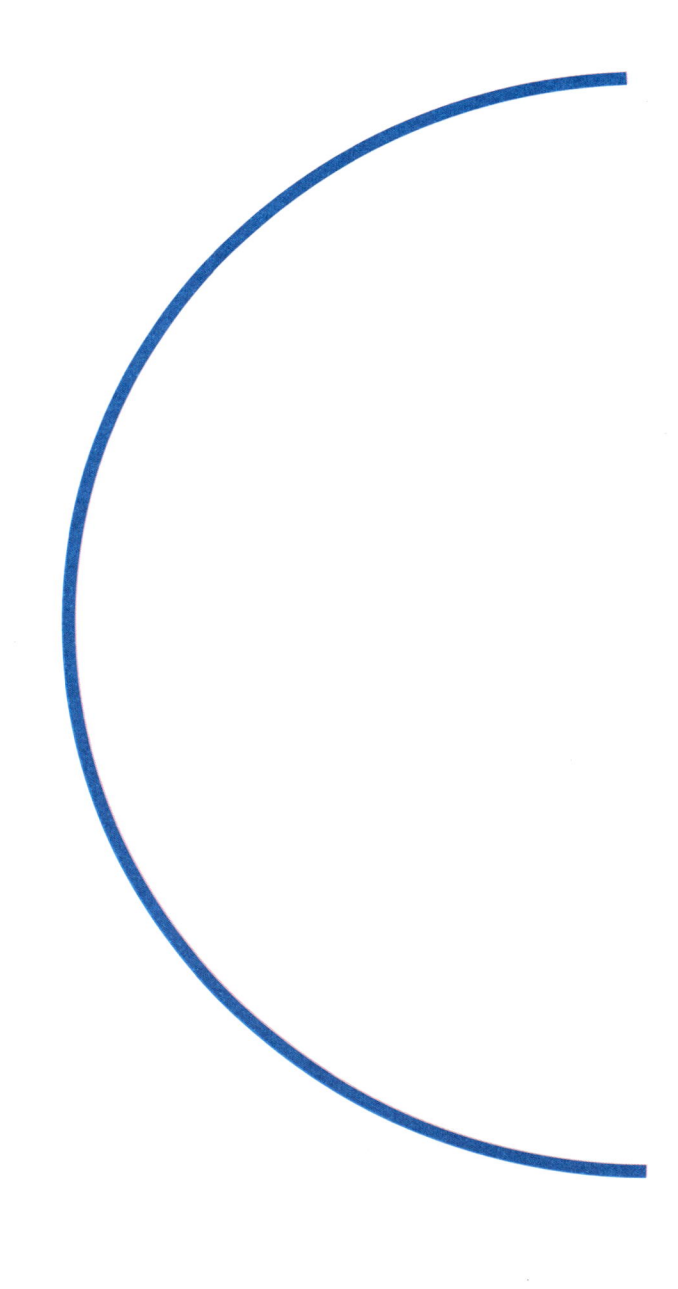

LIÇÃO 8

CUBRA O TRACEJADO. USE GIZ DE CERA.

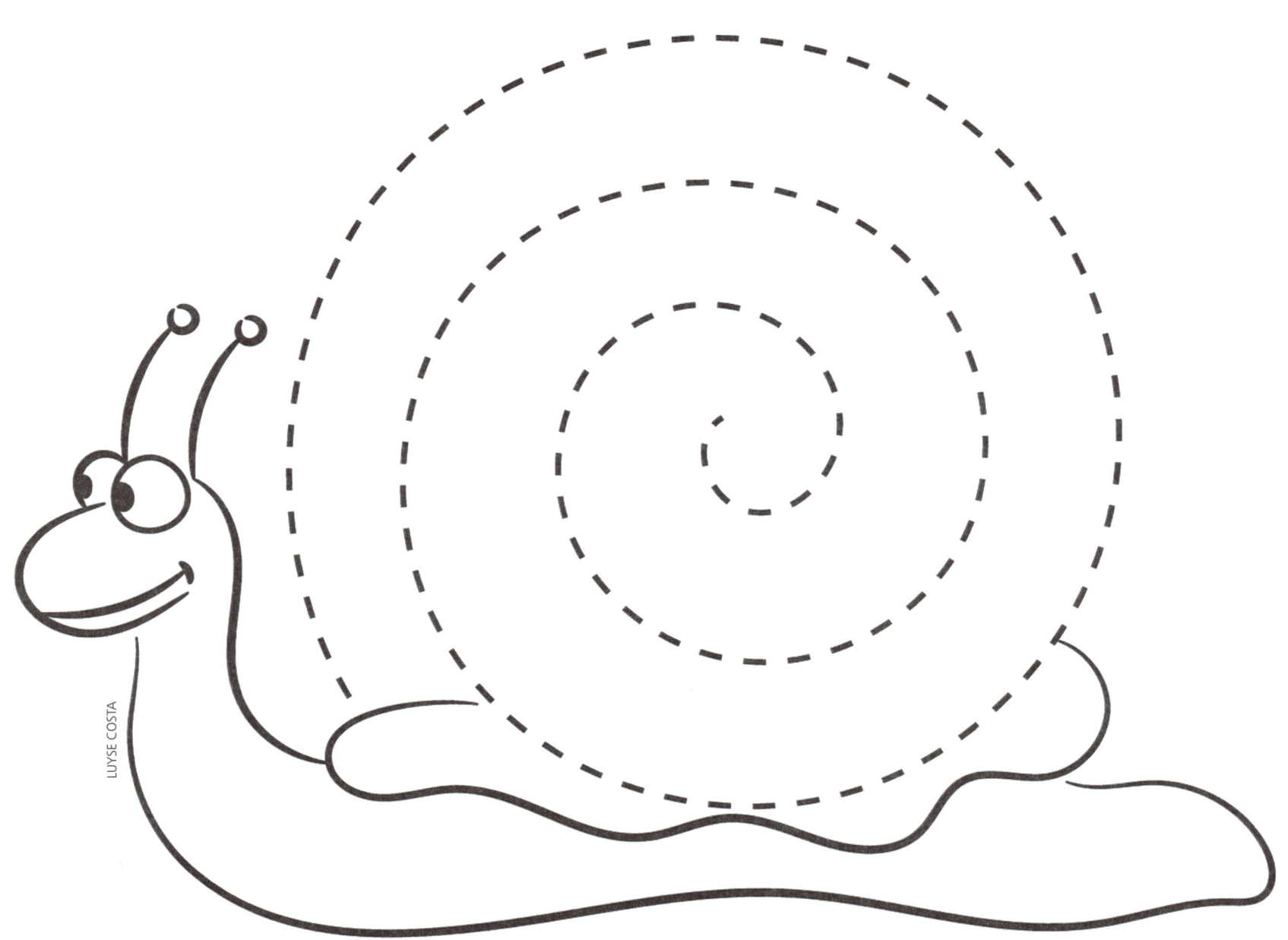

LIÇÃO 9

PINTE OS BRINQUEDOS **IGUAIS** UTILIZANDO A MESMA COR.

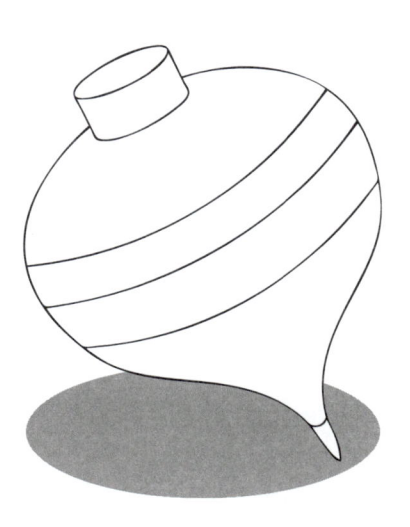

LIÇÃO 10

PASSE O LÁPIS DE COR NO TRACEJADO DO PEIXE **DIFERENTE**.

ILUSTRAÇÕES: EUNICE/CONEXÃO

LIÇÃO 11

PINTE DE VERDE O ESCORREGADOR MAIS **BAIXO**.

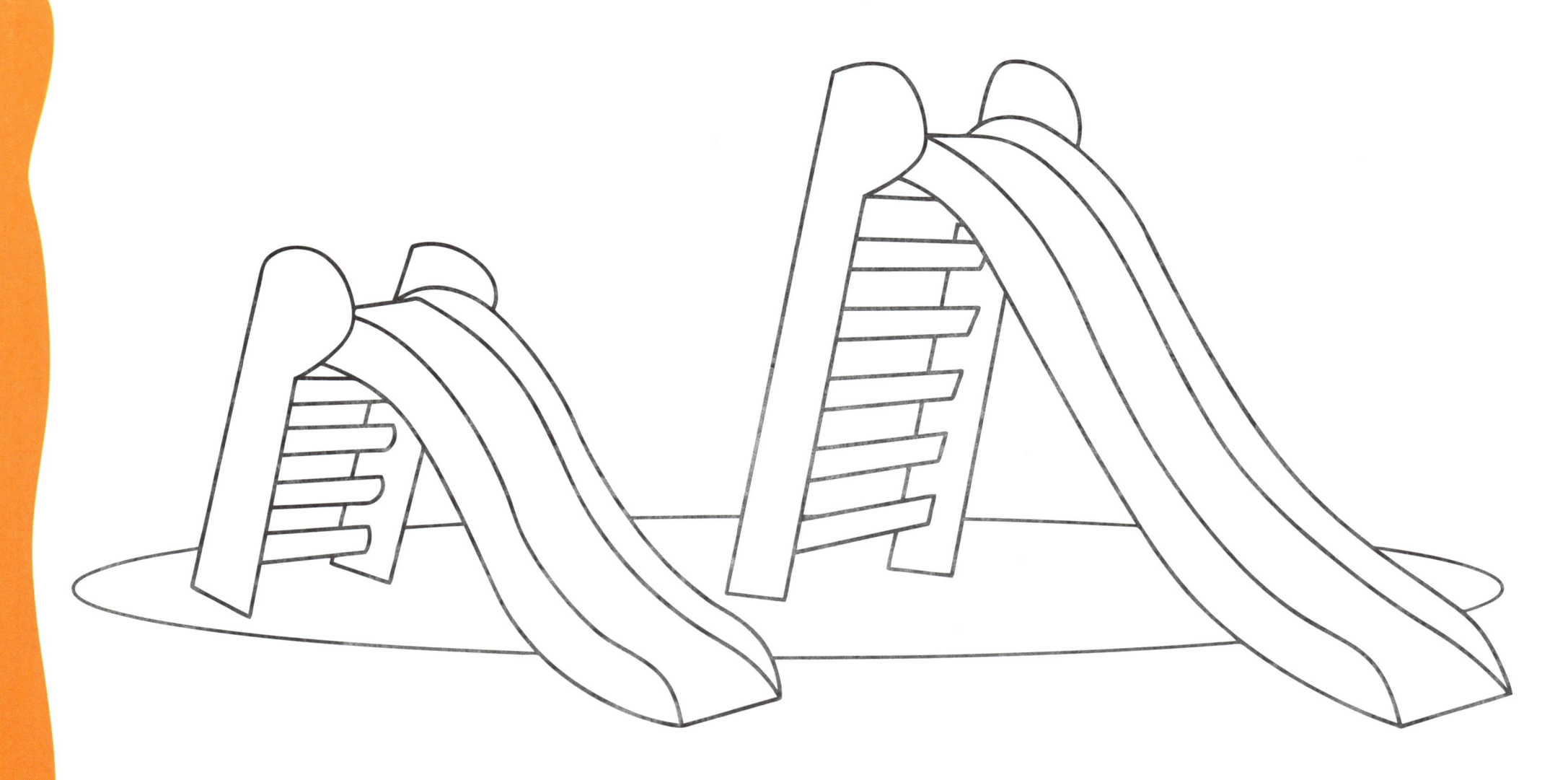

LIÇÃO 12

PINTE DE AZUL A TORRE DE BLOCOS MAIS **ALTA**.

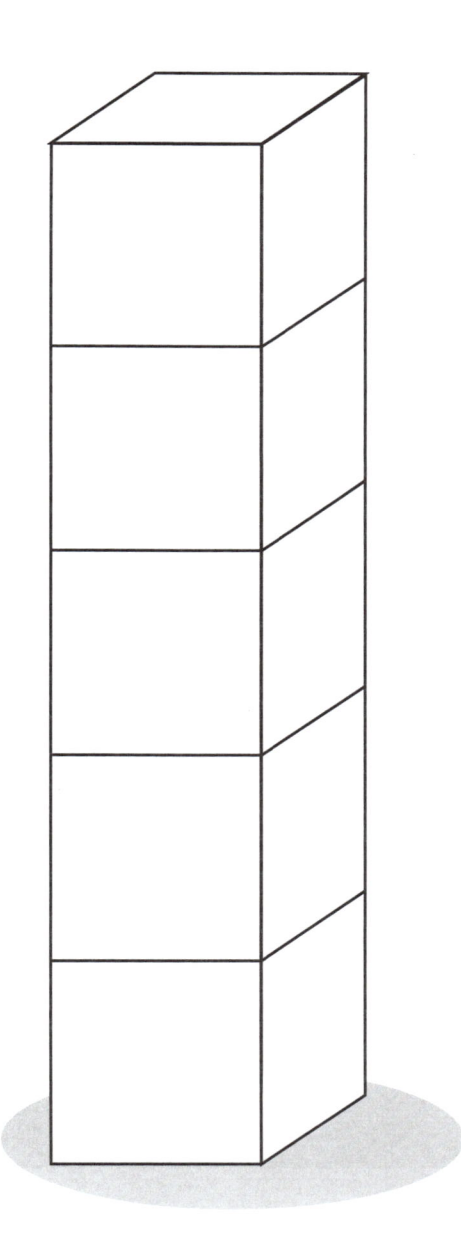

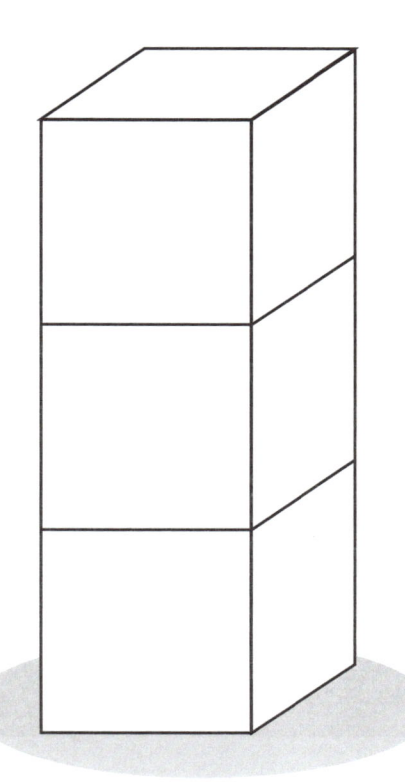

LIÇÃO 13

COMPLETE O QUADRADO PARA QUE FIQUE IGUAL AO MODELO.

LIÇÃO 14

MARQUE UM **X** NOS OBJETOS QUE TÊM A FORMA QUADRADA. USE GIZ DE CERA.

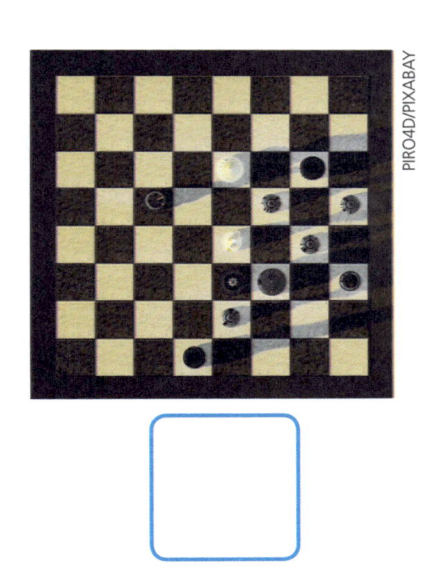

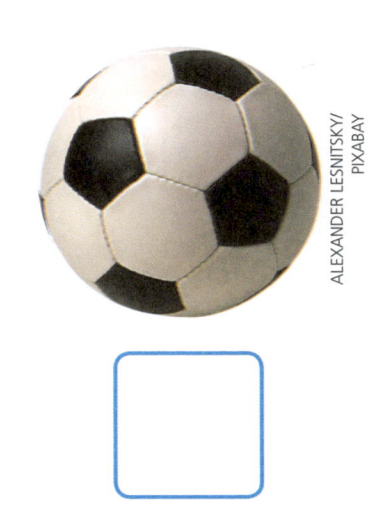

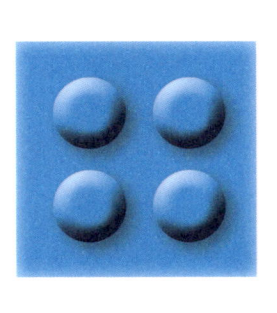

PIRO4D/PIXABAY

ALEXANDER LESNITSKY/PIXABAY

GERHARD GELLINGER/PIXABAY

HANS BRAXMEIER/PIXABAY

IBEP JR.

LIÇÃO 15

LIGUE O PORTA-RETRATOS À FORMA PARECIDA COM ELE.

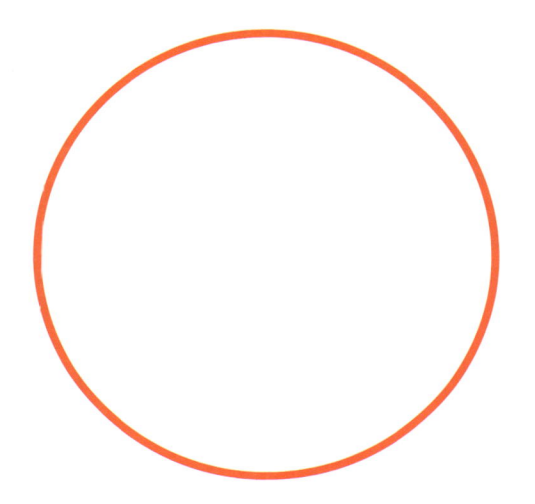

LIÇÃO 16

CIRCULE A CRIANÇA QUE TEM CABELO **CURTO**.

LIÇÃO 17

MARQUE UM **X** NO CORDÃO MAIS **COMPRIDO**.

LIÇÃO 18

DANI, BETO E CAIO PARTICIPAM DE UMA CORRIDA.
PINTE QUEM ESTÁ MAIS **PERTO** DA LINHA DE CHEGADA.

LIÇÃO 19

CIRCULE O FILHOTE QUE ESTÁ **LONGE** DA MAMÃE. USE LÁPIS DE COR.

VAMOS CANTAR?

O MEU GATINHO

O MEU GATINHO
QUANDO ACORDOU
TOMOU O MEU LEITINHO
TODO TOMOU
NADA DEIXOU
MAMÃE FICOU FELIZ
E ME BEIJOU!

(DOMÍNIO PÚBLICO)

LIÇÃO 20

COMPLETE O TRIÂNGULO PARA QUE FIQUE **IGUAL** AO MODELO.

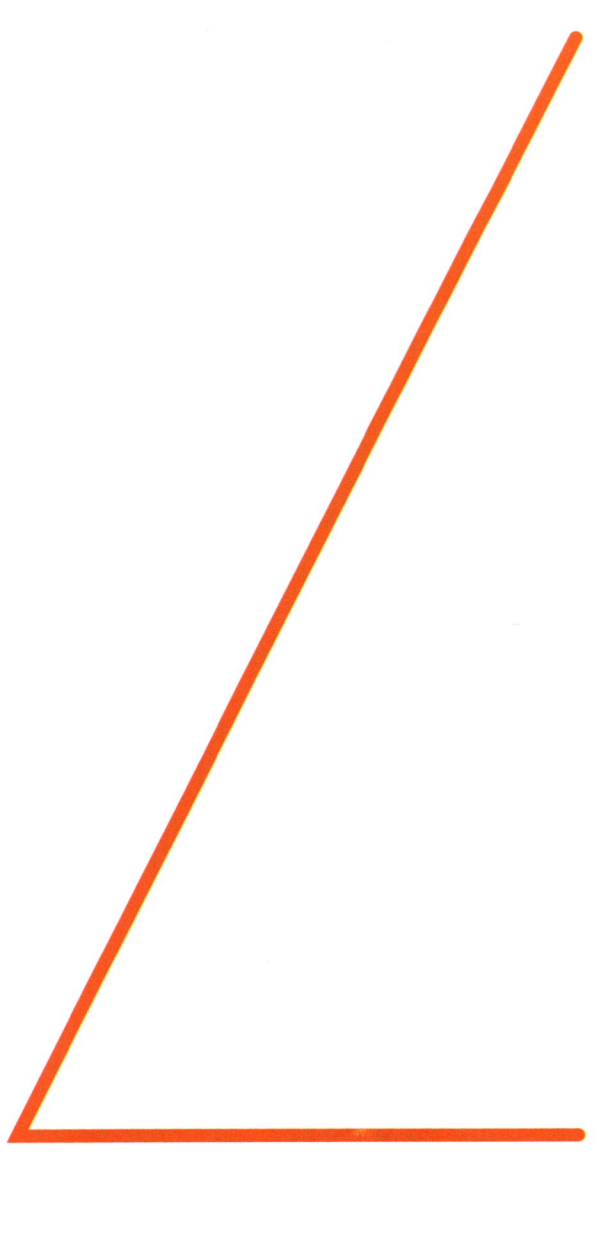

LIÇÃO 21

AS CRIANÇAS ESTÃO TOCANDO NA BANDINHA DA ESCOLA.

CIRCULE A FOTO DO INSTRUMENTO QUE PARECE COM UM TRIÂNGULO.

LIÇÃO 22

PINTE OS ALUNOS QUE ESTÃO **DENTRO** DA SALA DE AULA.

LIÇÃO 23

MARQUE UM **X** NOS MATERIAIS ESCOLARES QUE ESTÃO **FORA** DA MOCHILA.

LIÇÃO 24

PINTE O OBJETO QUE ESTÁ **EMBAIXO** DA CAMA. USE GIZ DE CERA.

LIÇÃO 25

DESENHE UM OBJETO **EM CIMA** DA MESA.

LIÇÃO 26

COLE OS ADESIVOS DA PÁGINA 105 NO QUADRADO QUE TEM **MUITAS** ESTRELAS.

LIÇÃO 27

FAÇA UM **X** NO CÍRCULO QUE TEM **POUCAS** NUVENS.

LIÇÃO 28

PINTE O CACHORRO QUE ESTÁ **DE FRENTE** PARA VOCÊ.

LIÇÃO 29

CIRCULE A CRIANÇA QUE ESTÁ **DE COSTAS** PARA VOCÊ.

LIÇÃO 30

JOÃO E ANITA ESTÃO BRINCANDO NA PRAIA.
VOCÊ JÁ BRINCOU NA PRAIA? CONTE PARA SEUS COLEGAS.
FAÇA UM / NA CRIANÇA QUE ESTÁ **SENTADA**.

LIÇÃO 31

A PROFESSORA VAI EXPLICAR A BRINCADEIRA PASSA ANEL. MARQUE COM UM / A CRIANÇA QUE ESTÁ **EM PÉ** NA RODA.

LIÇÃO 32

PINTE O CAMINHO QUE LEVA À LIXEIRA **VAZIA**.

LIÇÃO 33

PINTE O AQUÁRIO QUE ESTÁ **CHEIO** DE PEIXINHOS.

LIÇÃO 34

LIGUE CADA ANIMAL À SUA SOMBRA.

LIÇÃO 35

PINTE AS FORMAS **IGUAIS** COM AS MESMAS CORES.

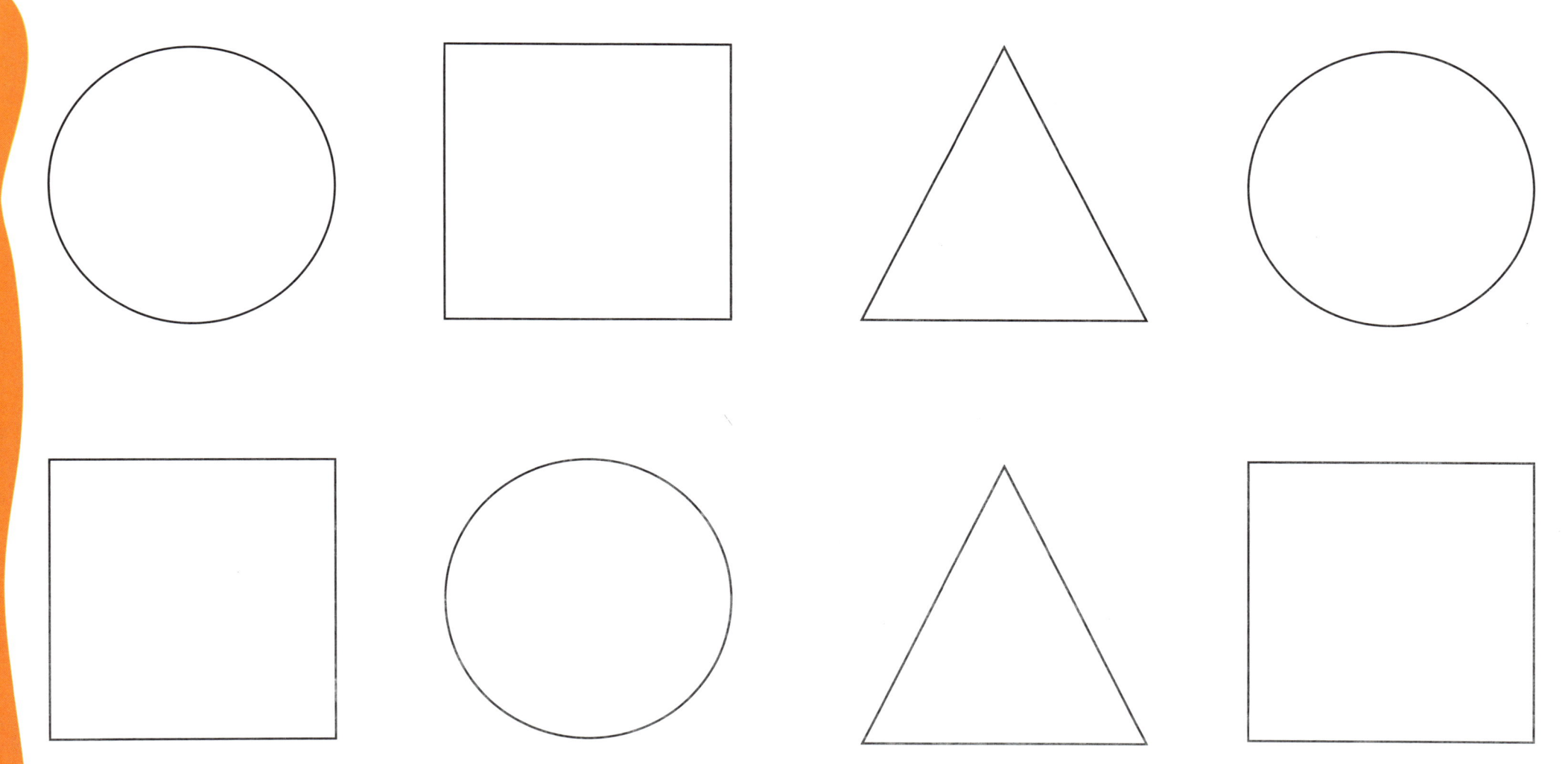

LIÇÃO 36

MARQUE UM **X** NA FOTO QUE MOSTRA O BRINQUEDO MAIS **LEVE**.

LIÇÃO 37

CIRCULE A FIGURA QUE REPRESENTA O BRINQUEDO MAIS **PESADO**.

LIÇÃO 38

CIRCULE O LÁPIS DE COR MAIS **FINO**.

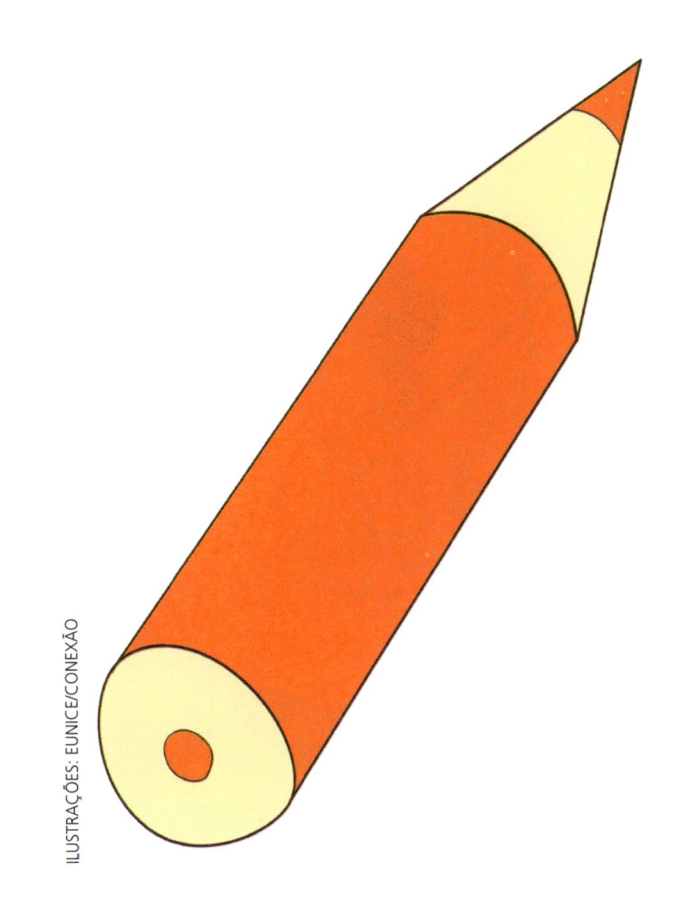

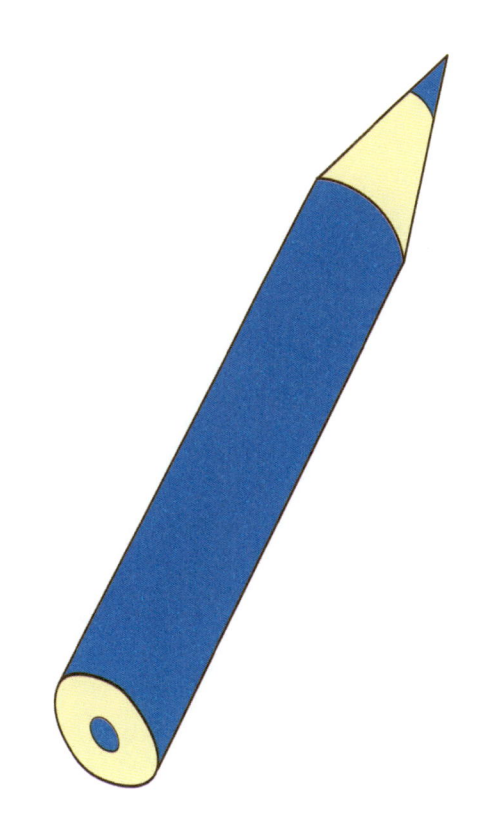

ILUSTRAÇÕES: EUNICE/CONEXÃO

LIÇÃO 39

PINTE O GIZ DE CERA MAIS GROSSO.

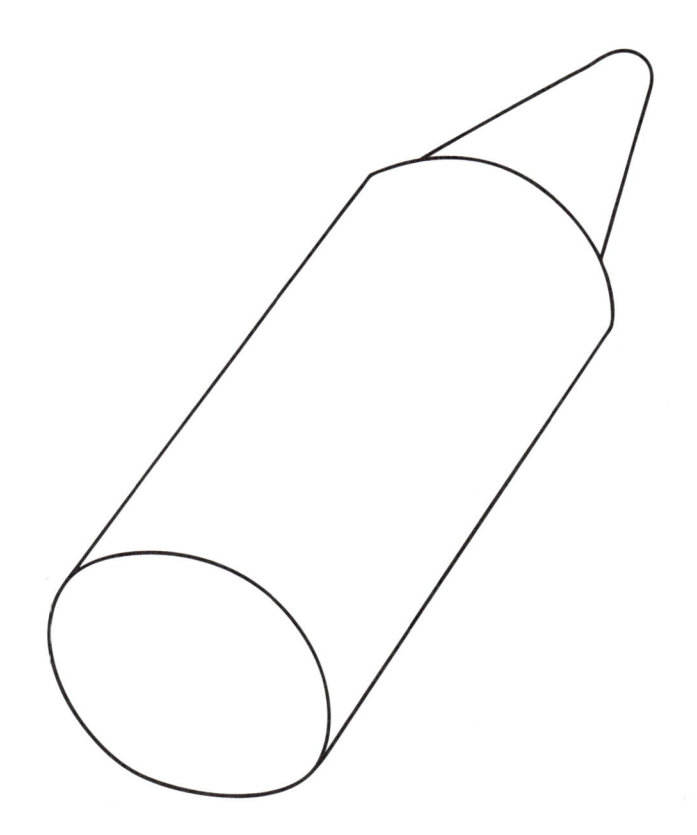

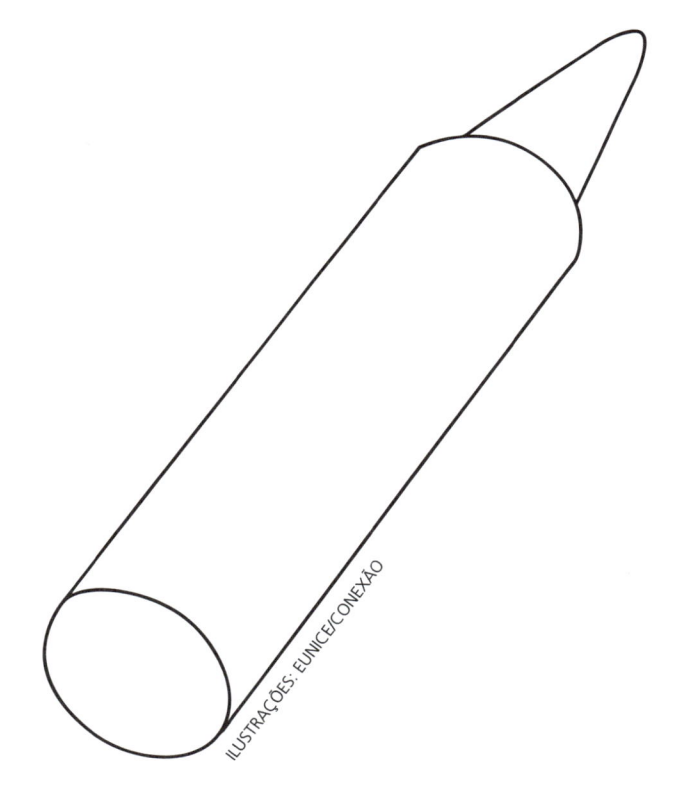

ILUSTRAÇÕES: EUNICE/CONEXÃO

LIÇÃO 40

FAÇA UM **X** NO LIVRO QUE ESTÁ **ABERTO** E UM **O** NO LIVRO QUE ESTÁ **FECHADO**.

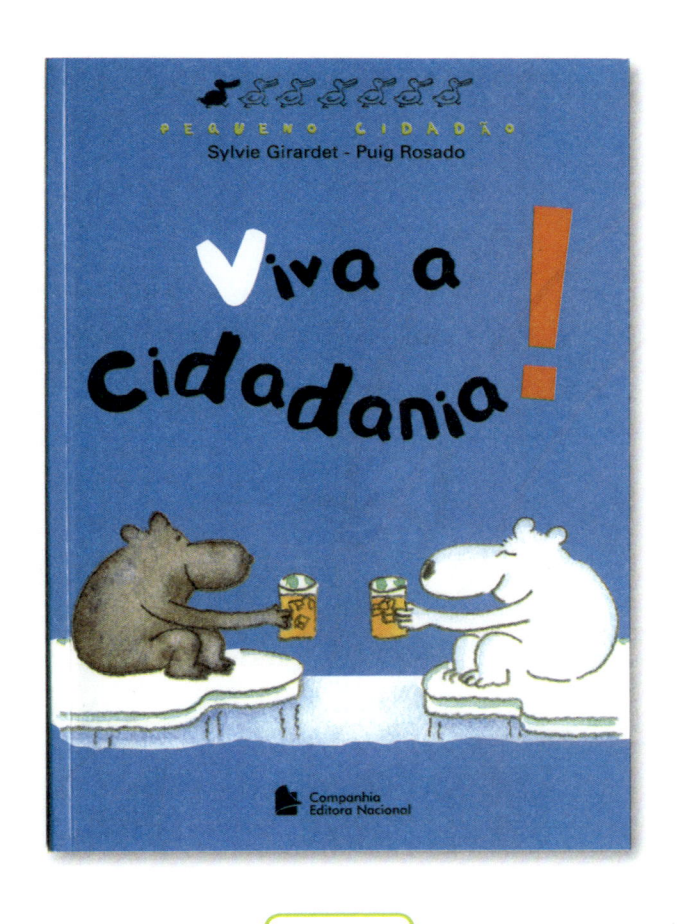

LIÇÃO 41

CUBRA O NÚMERO **1** DE ACORDO COM A INDICAÇÃO DAS SETAS. USE TINTA AMARELA.

VAMOS CANTAR?

FOI NA LOJA DO MESTRE ANDRÉ

FOI NA LOJA DO MESTRE ANDRÉ
QUE EU COMPREI UM PIANINHO
PLIM, PLIM, PLIM UM PIANINHO
AIOLÉ, AIOLÉ
FOI NA LOJA DO MESTRE ANDRÉ
AIOLÉ, AIOLÉ
FOI NA LOJA DO MESTRE ANDRÉ

(DOMÍNIO PÚBLICO)

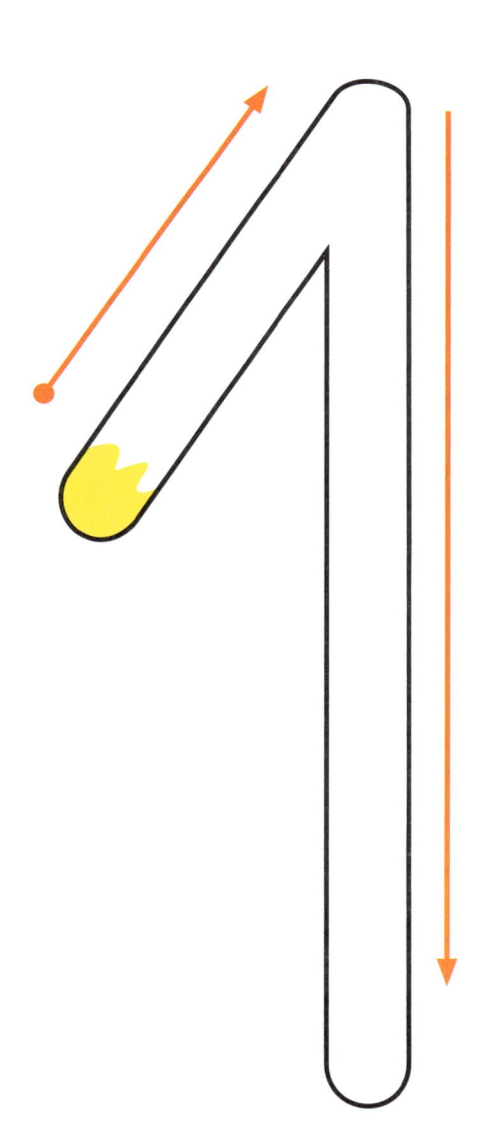

LIÇÃO 42

CIRCULE O POTE QUE POSSUI **1** LÁPIS.

1

LIÇÃO 43

CONTE OS ELEMENTOS E LIGUE A QUANTIDADE CORRESPONDENTE AO NÚMERO **1**.

LIÇÃO 44

CUBRA O TRACEJADO DO NÚMERO **1**.

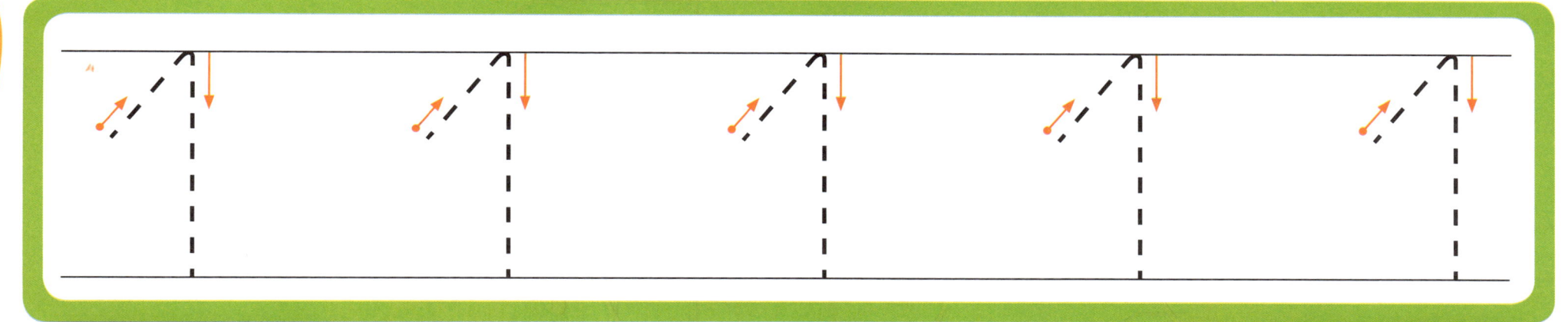

CONTE E PINTE **1** CACHORRINHO.

48

LIÇÃO 45

CUBRA O NÚMERO **2** DE ACORDO COM A INDICAÇÃO DAS SETAS. USE TINTA AZUL.

VAMOS CANTAR?

UNI DUNI TÊ

EU QUIS SABER DA MINHA ESTRELA-GUIA
ONDE ANDARIA MEU SONHO ENCANTADO
FADA MADRINHA, VARA DE CONDÃO
ESSE MEU CORAÇÃO SONHANDO ACORDADO
VAI NOS LEVAR PARA UM MUNDO DE MAGIA
ONDE A FANTASIA VAI ENTRAR NA DANÇA
E QUANDO O BRILHO DO AMOR CHEGAR
EU QUERO É MAIS BRINCAR, MELHOR É SER CRIANÇA
UNI DUNI DUNI TÊ, Ô Ô Ô Ô
SALAMÊ MINGUÊ, Ô Ô Ô Ô
SORVETE COLORÊ
SONHO ENCANTADO ONDE ESTÁ VOCÊ?

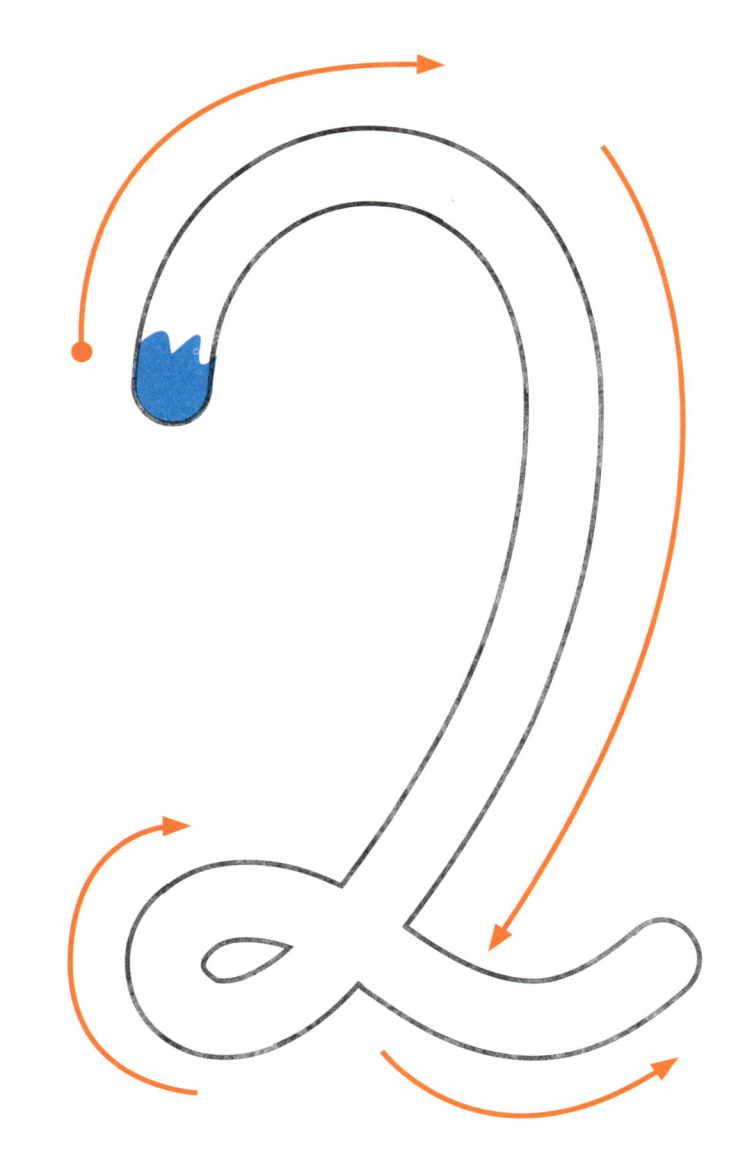

UNI DUNI TÊ, **TREM DA ALEGRIA**. DISPONÍVEL EM: <HTTPS://WWW.YOUTUBE.COM/WATCH?V=QPFJOKU0NOM>. ACESSO EM: 16 MAIO 2020.

LIÇÃO 46

VOCÊ SABE O NOME DESTE BRINQUEDO? JÁ BRINCOU COM ELE?
CONTE PARA SEUS COLEGAS.
CIRCULE O BRINQUEDO QUE TEM **2** CRIANÇAS.

2

LIÇÃO 47

CONTE OS ELEMENTOS E LIGUE A QUANTIDADE CORRESPONDENTE AO NÚMERO **2**.

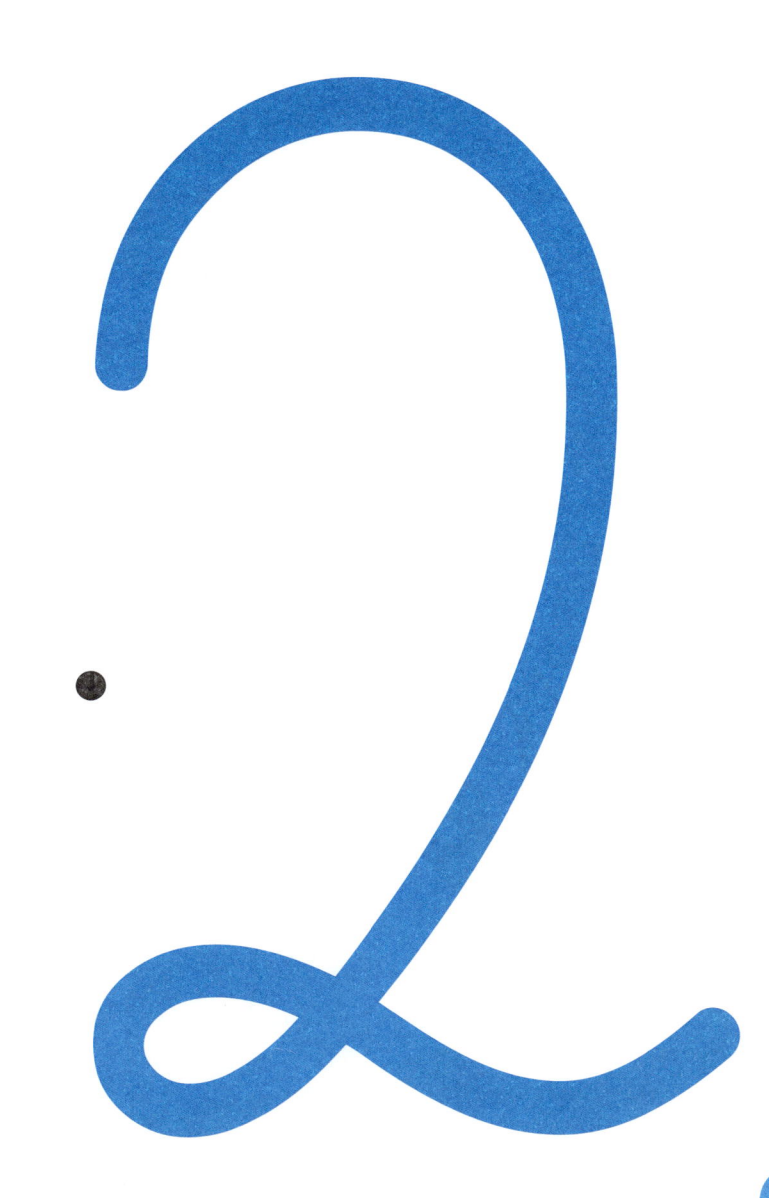

LIÇÃO 48

CUBRA O TRACEJADO DO NÚMERO **2**.

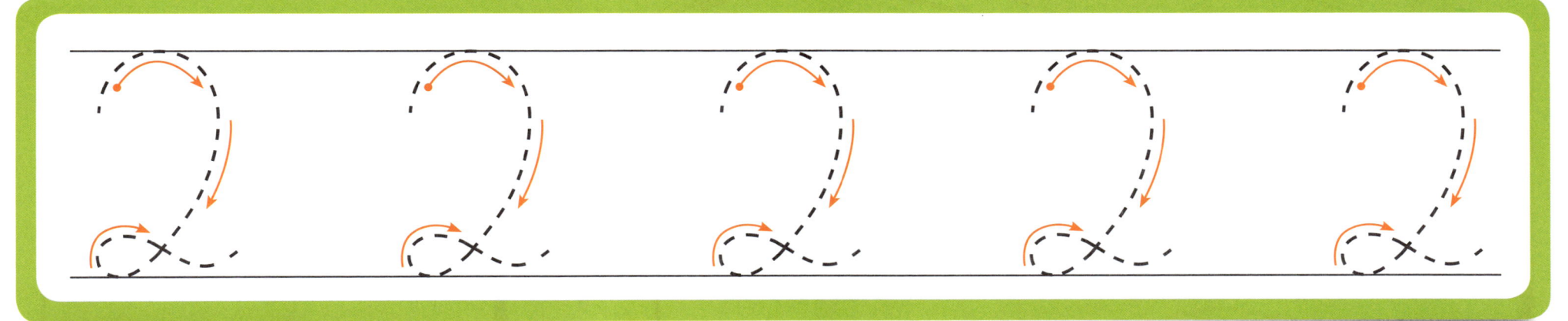

CONTE E PINTE **2** CARRINHOS.

LIÇÃO 49

CUBRA O NÚMERO **3** DE ACORDO COM A INDICAÇÃO DAS SETAS. USE TINTA VERMELHA.

VAMOS CANTAR?

OS TRÊS PORQUINHOS

OS TRÊS PORQUINHOS,
MUITO BONITINHOS,
FIZERAM SUAS CASINHAS
E O LOBO APARECEU.

A PRIMEIRA CASINHA,
QUE ERA DE PALHA,
O LOBO SOPROU
E A CASINHA DERRUBOU.

A SEGUNDA CASINHA,
QUE ERA DE PAU,
O LOBO SOPROU
E A CASINHA DERRUBOU.

MAS A ÚLTIMA CASINHA,
QUE ERA DE PEDRA,
O LOBO SOPROU, SOPROU
E A CASINHA EM PÉ FICOU.

(GERUSA RODRIGUES PINTO.
MELODIA **MARCHA SOLDADO**)

LIÇÃO 50

PINTE AS **3** BOLAS COM QUE O PALHAÇO BRINCA.

3

LIÇÃO 51

CONTE OS ELEMENTOS E LIGUE A QUANTIDADE CORRESPONDENTE AO NÚMERO **3**.

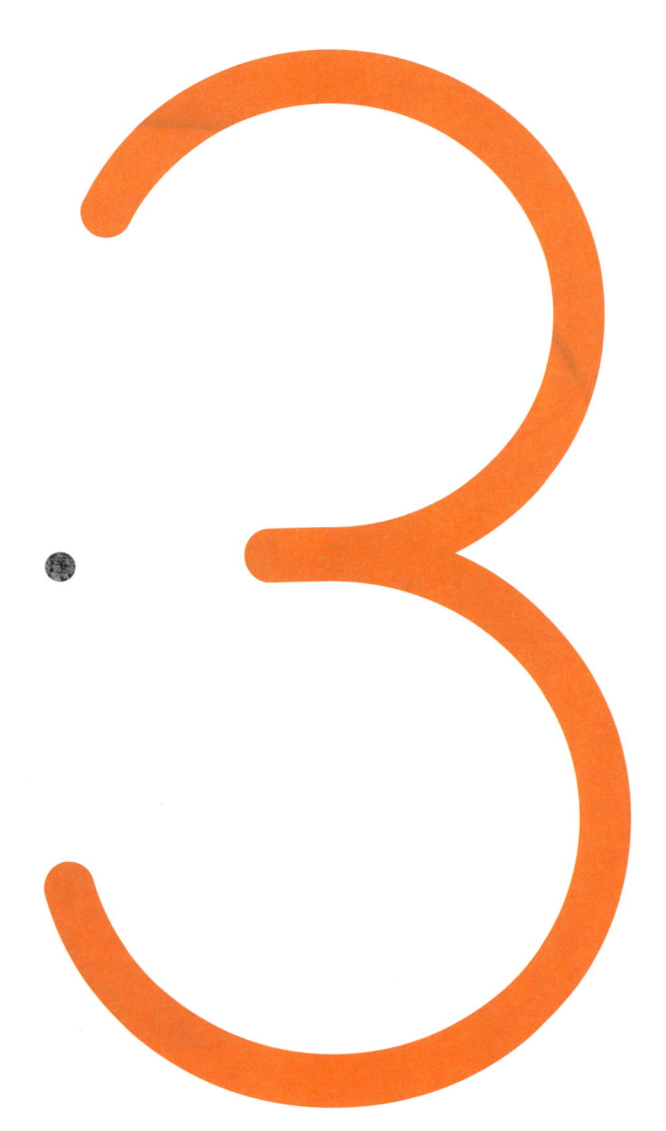

3

LIÇÃO 52

CUBRA O TRACEJADO DO NÚMERO **3**.

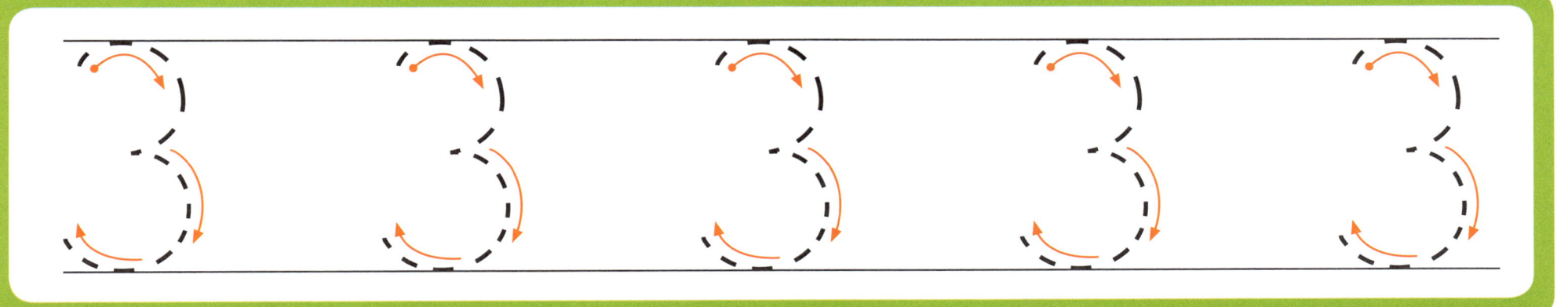

CONTE E PINTE **3** BONECAS.

LIÇÃO 53

COLE OS ADESIVOS DOS NÚMEROS **1**, **2** E **3**, DA PÁGINA 106, AO LADO DA QUANTIDADE DE OBJETOS CORRESPONDENTE.

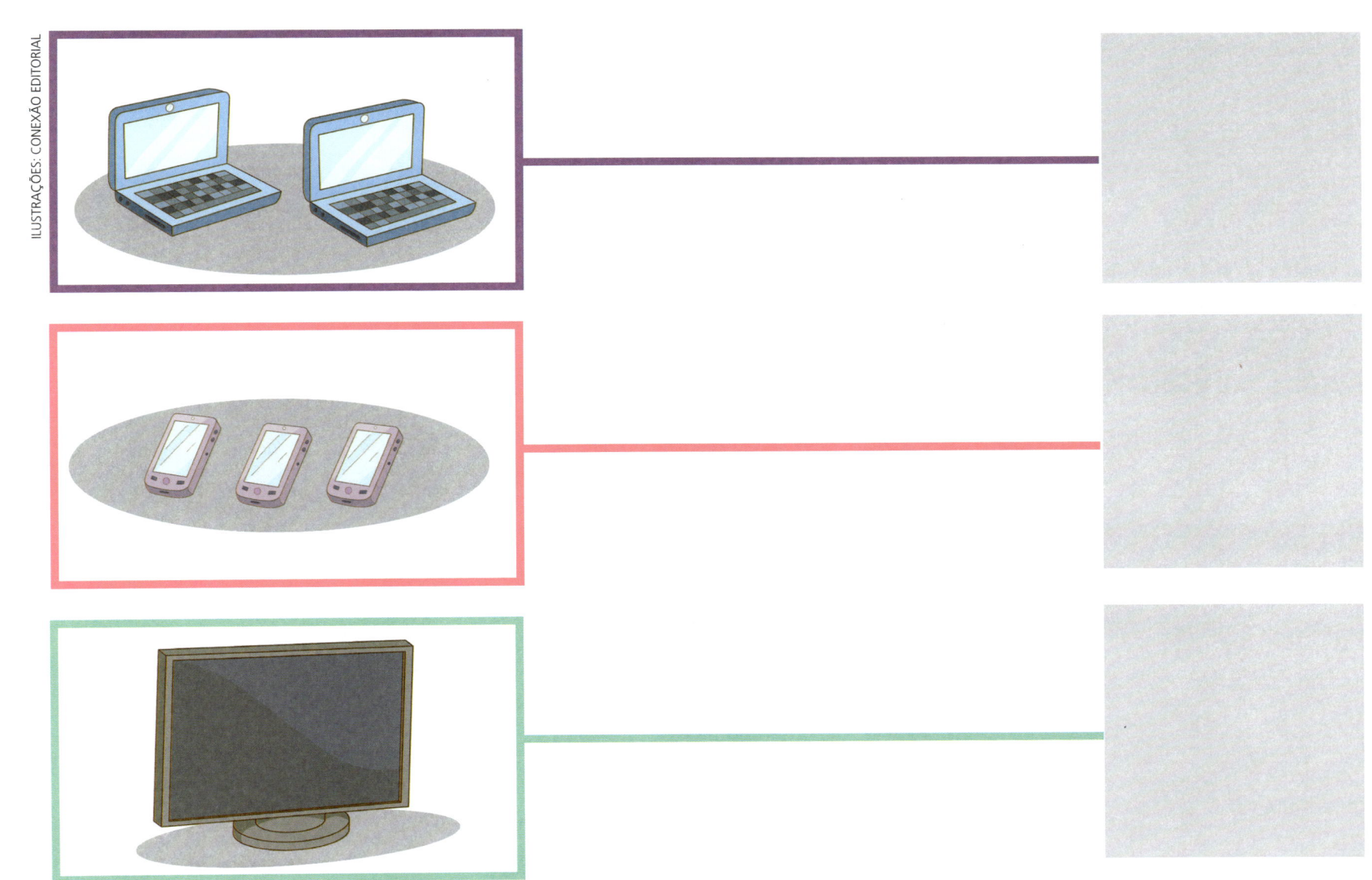

LIÇÃO 54

CONTE QUANTOS ELEMENTOS HÁ EM CADA QUADRO. DEPOIS, CIRCULE O NÚMERO CORRESPONDENTE.

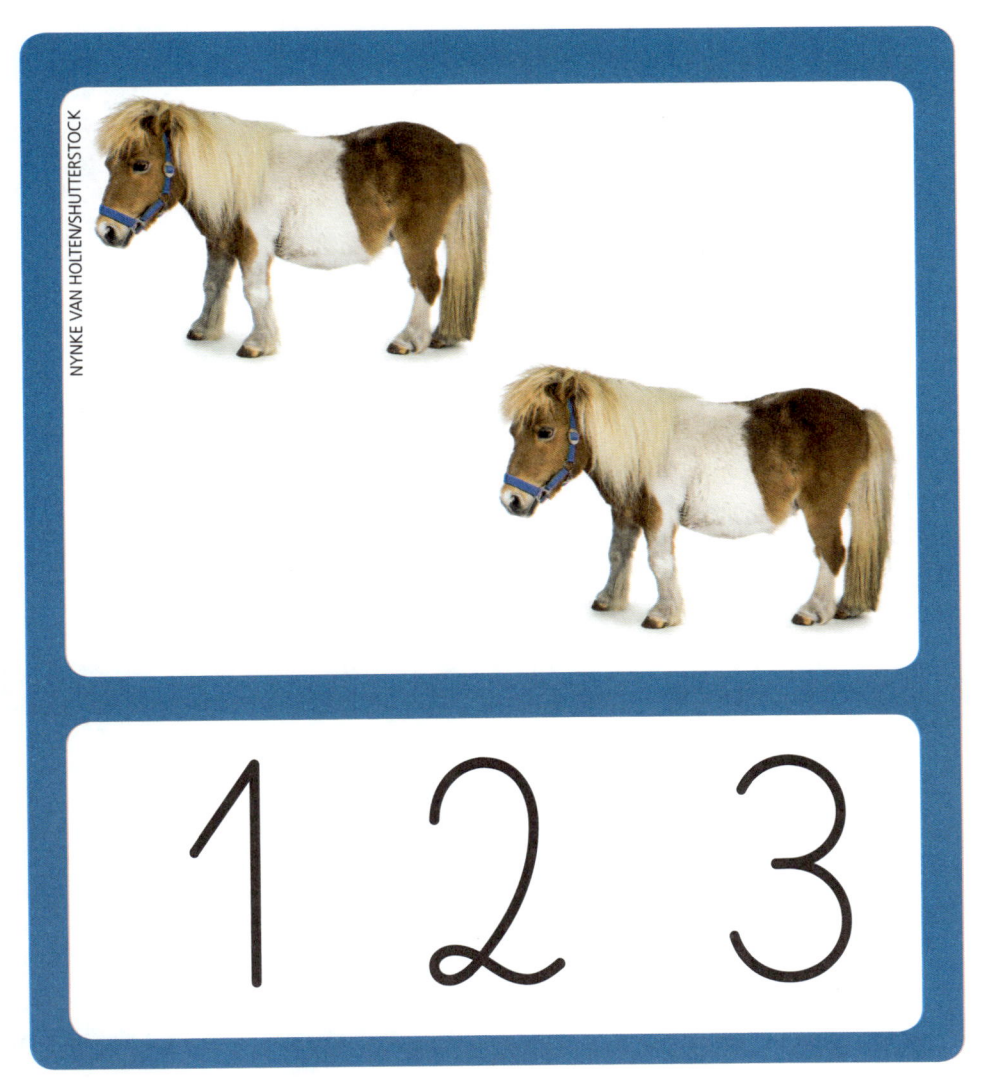

1 2 3

1 2 3

LIÇÃO 55

CUBRA O NÚMERO **4** DE ACORDO COM A INDICAÇÃO DAS SETAS. USE TINTA VERDE.

VAMOS CANTAR?

A GALINHA E O GALO CARIJÓ

PÓ, PÓ, PÓ, PÓ, PÓ

A GALINHA PINTADINHA
E O GALO CARIJÓ
A GALINHA USA SAIA
E O GALO PALETÓ

A GALINHA FICOU DOENTE
E O GALO NEM LIGOU
E OS PINTINHOS FORAM CORRENDO
PRA CHAMAR O SEU DOUTOR

O DOUTOR ERA O PERU (GLU-GLU)
A ENFERMEIRA ERA UM URUBU (UH-UH)
E A AGULHA DA INJEÇÃO
ERA A PENA DO PAVÃO

UI!

(DOMÍNIO PÚBLICO)

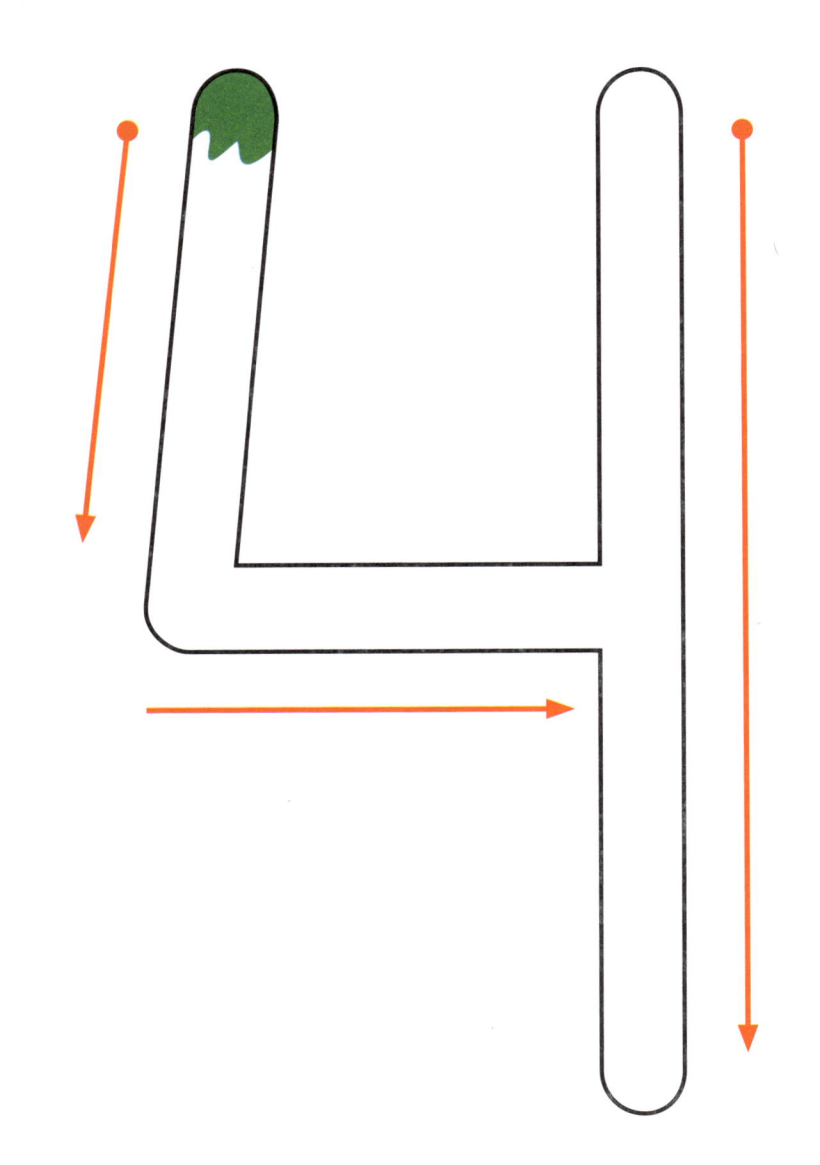

LIÇÃO 56

PINTE OS **4** VAGÕES DO TREM.

VAMOS CANTAR?

O TREM DE FERRO

O TREM DE FERRO
QUANDO SAI DE PERNAMBUCO
VAI FAZENDO FUCO-FUCO
ATÉ CHEGAR NO CEARÁ

REBOLA, BOLA
VOCÊ DIZ QUE DÁ, QUE DÁ
VOCÊ DIZ QUE DÁ NA BOLA
NA BOLA VOCÊ NÃO DÁ.

(DOMÍNIO PÚBLICO)

4

1   2   3   4

LIÇÃO 57

CONTE OS ELEMENTOS E LIGUE A QUANTIDADE CORRESPONDENTE AO NÚMERO **4**.

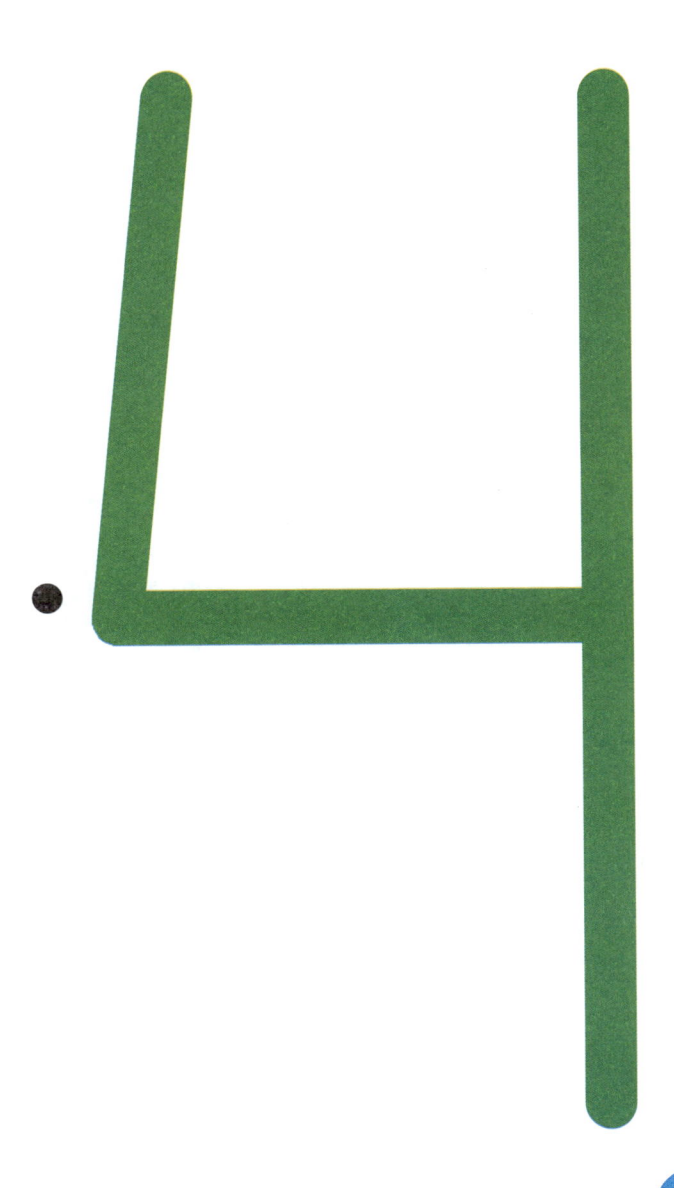

LIÇÃO 58

CUBRA O TRACEJADO DO NÚMERO **4**.

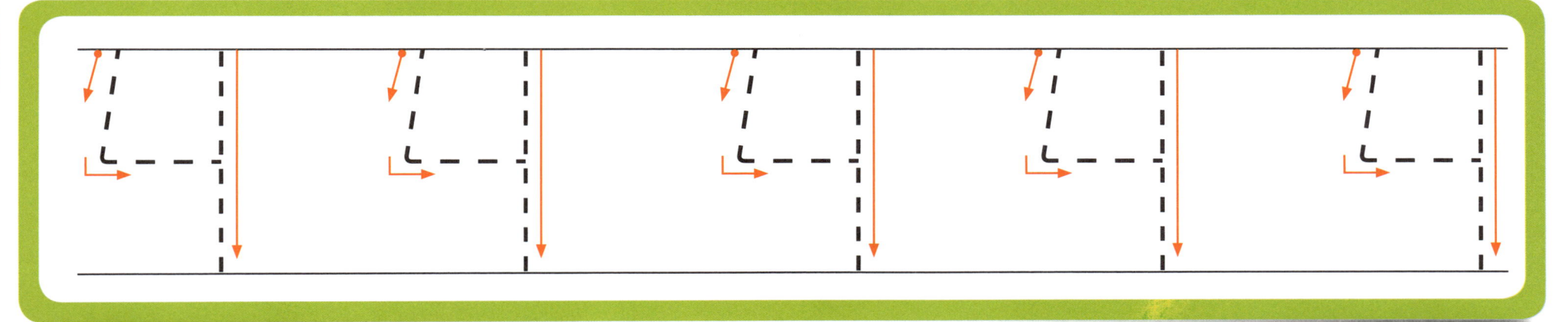

CONTE E PINTE **4** LIVROS.

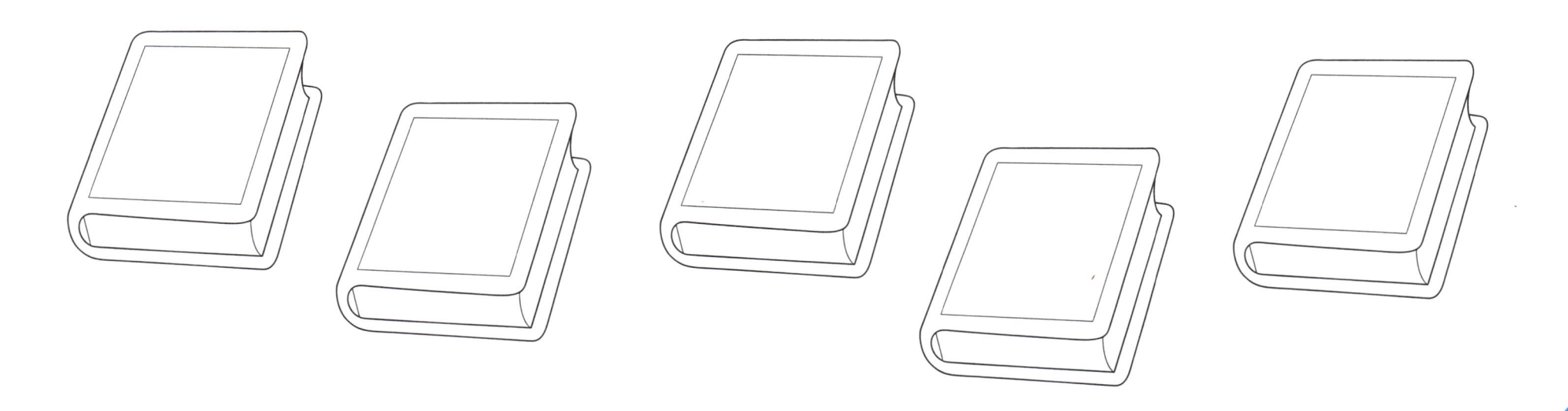

LIÇÃO 59

PINTE DE VERMELHO OS QUADRADINHOS QUE CORRESPONDEM À ALTURA DA GIRAFA. DEPOIS, MARQUE UM X NO NÚMERO QUE INDICA A QUANTIDADE DE QUADRADINHOS PINTADOS.

3

4

LIÇÃO 60

CUBRA O NÚMERO **5** DE ACORDO COM A INDICAÇÃO DAS SETAS. USE TINTA COR DE LARANJA.

VAMOS CANTAR?

MINHOQUINHA

UMA MINHOQUINHA,
FAZENDO GINASTIQUINHA.

DUAS MINHOQUINHAS,
FAZENDO GINASTIQUINHA.

TRÊS MINHOQUINHAS,
FAZENDO GINASTIQUINHA.

QUATRO MINHOQUINHAS,
FAZENDO GINASTIQUINHA.

CINCO MINHOQUINHAS,
FAZENDO GINASTIQUINHA.

(DOMÍNIO PÚBLICO)

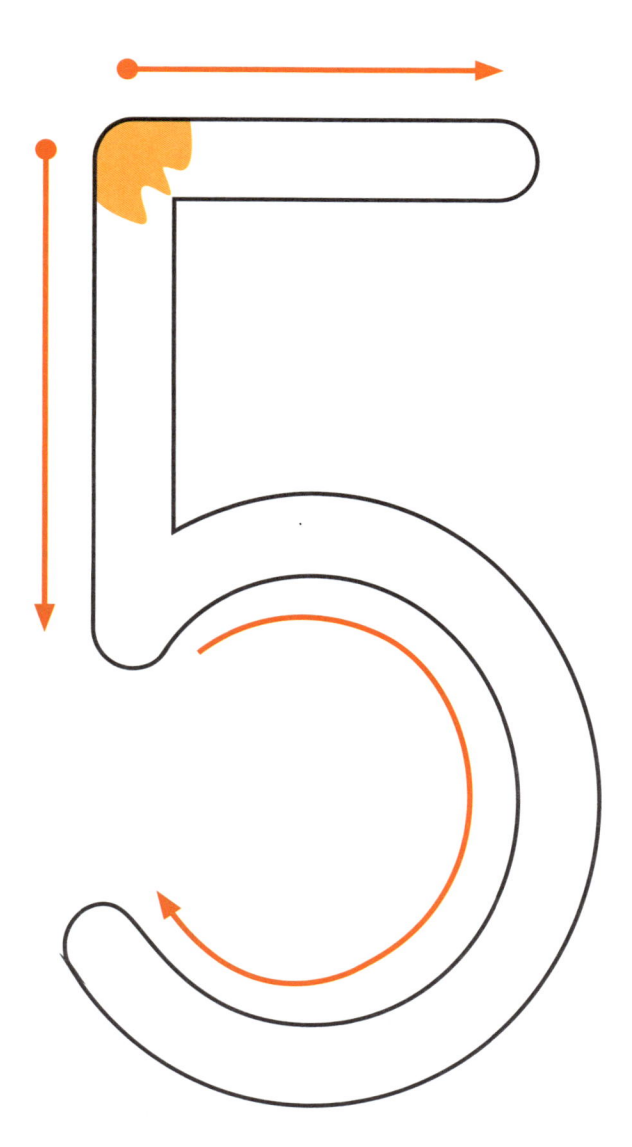

LIÇÃO 61

CONTE OS ELEMENTOS E LIGUE A QUANTIDADE CORRESPONDENTE AO NÚMERO **5**.

LIÇÃO 62

CUBRA O TRACEJADO DO NÚMERO **5**.

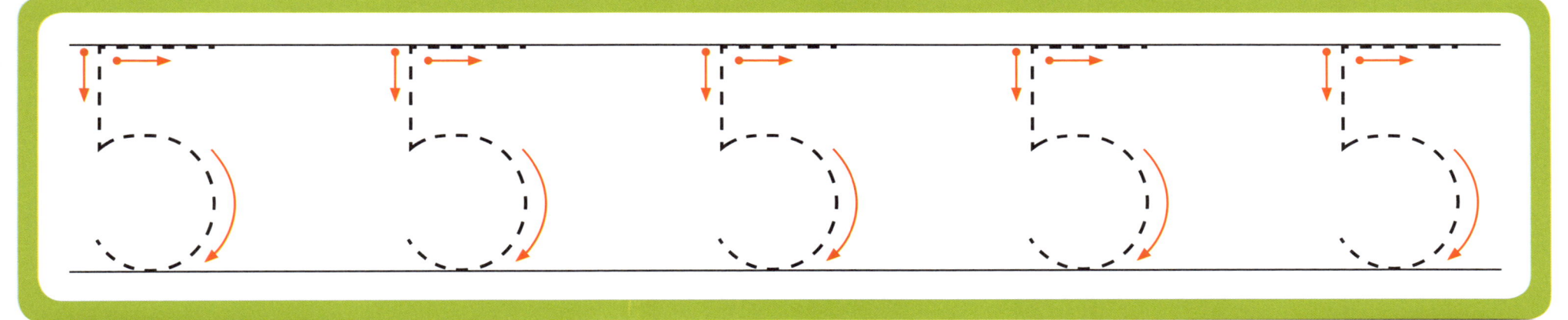

CONTE E PINTE **5** PATINHOS.

LIÇÃO 63

PINTE A CENA E REGISTRE A QUANTIDADE DE ELEMENTOS DESTACADOS AO LADO.

LIÇÃO 64

RETIRE, DA CARTELA DE ADESIVOS DA PÁGINA 106, OS NÚMEROS **1**, **2**, **3**, **4** E **5**. DEPOIS, COLE CADA UM ABAIXO DA MÃO QUE MOSTRA O NÚMERO DE DEDOS CORRESPONDENTE.

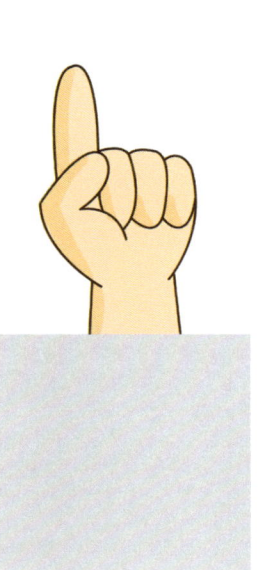

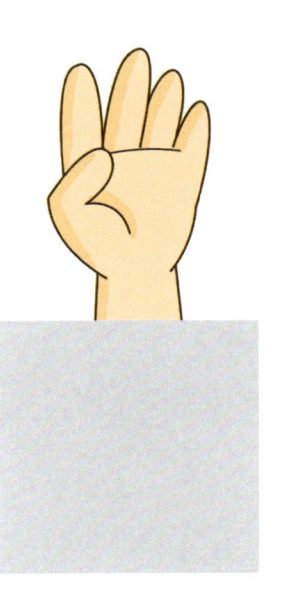

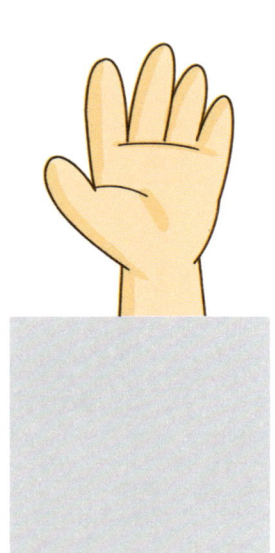

LIÇÃO 65

CUBRA O NÚMERO **6** DE ACORDO COM A INDICAÇÃO DAS SETAS. USE TINTA MARROM.

VAMOS CANTAR?

MARCHA SOLDADO

MARCHA SOLDADO
CABEÇA DE PAPEL
SE NÃO MARCHAR DIREITO
VAI PRESO PRO QUARTEL

O QUARTEL PEGOU FOGO
A POLÍCIA DEU SINAL
ACORDE, ACODE, ACODE
A BANDEIRA NACIONAL

(DOMÍNIO PÚBLICO)

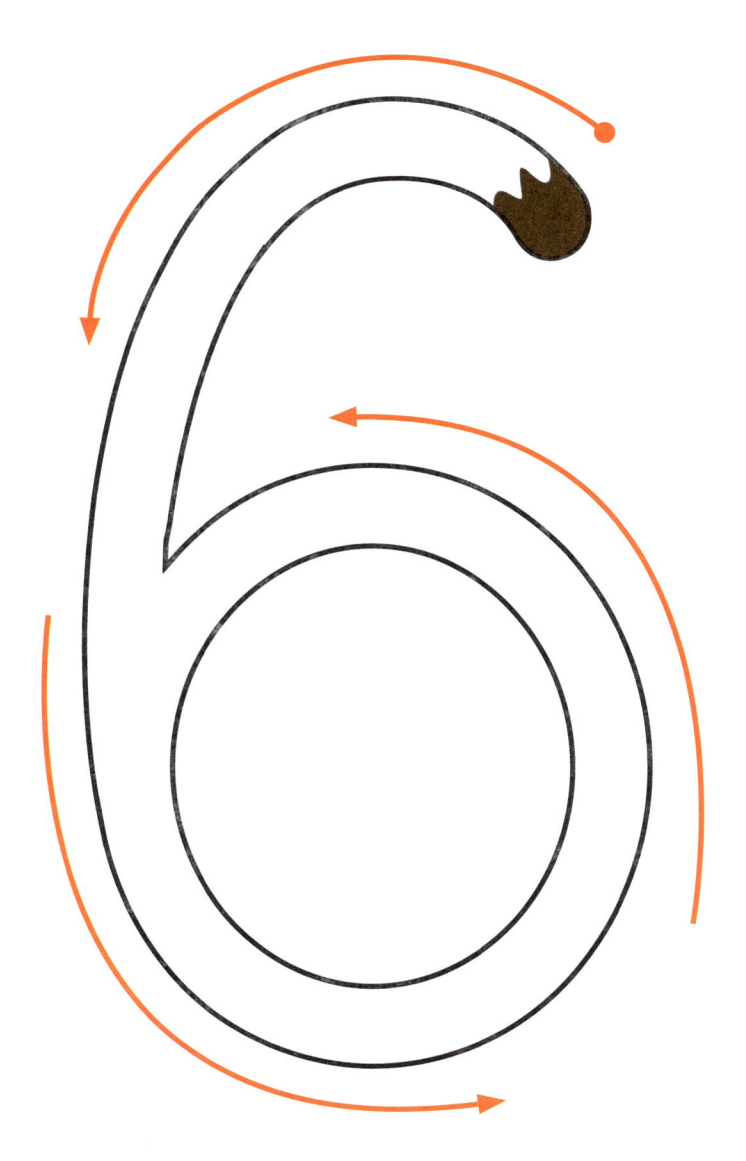

LIÇÃO 66

PINTE OS **6** CHAPÉUS NA MESMA SEQUÊNCIA DE CORES QUE A DOS CHAPÉUS DAS CRIANÇAS.

6

LIÇÃO 67

CONTE OS ELEMENTOS E LIGUE A QUANTIDADE CORRESPONDENTE AO NÚMERO **6**.

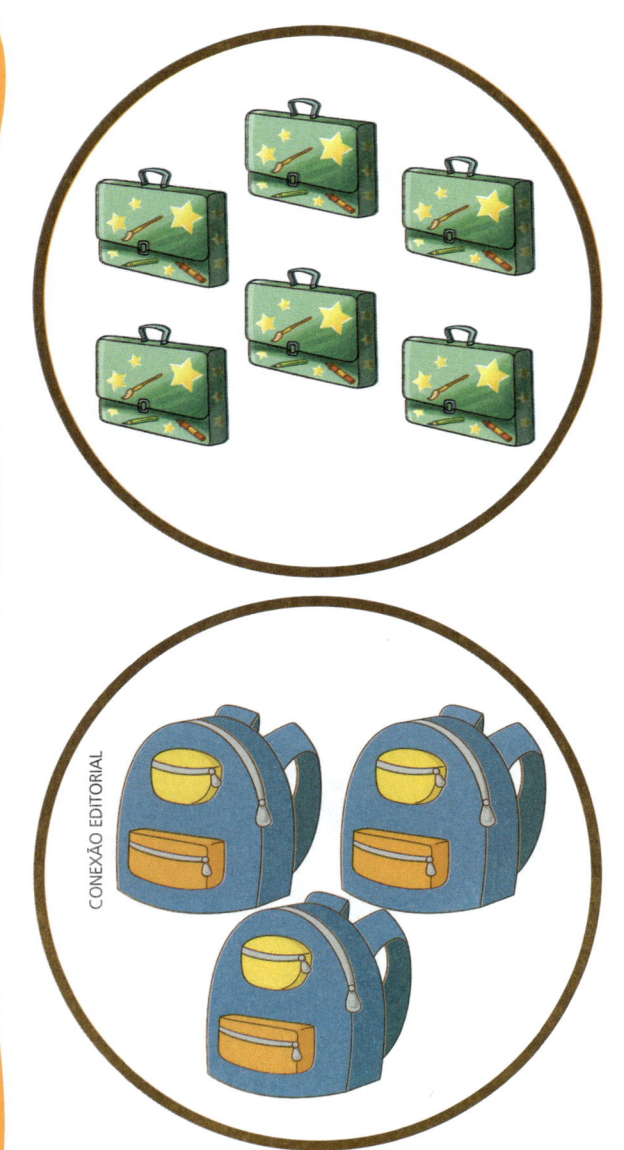

LIÇÃO 68

CUBRA O TRACEJADO DO NÚMERO **6**.

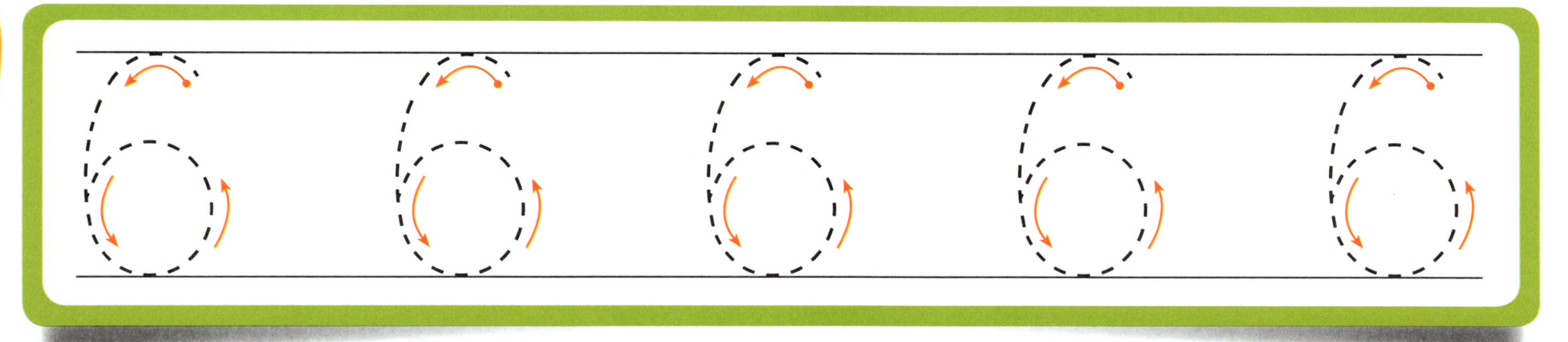

CONTE E PINTE **6** FANTOCHES.

LIÇÃO 69

CUBRA O NÚMERO **7** DE ACORDO COM A INDICAÇÃO DAS SETAS. USE TINTA ROSA.

VAMOS CANTAR?

A BARATA

A BARATA DIZ QUE TEM
SETE SAIAS DE FILÓ
É MENTIRA DA BARATA,
ELA TEM É UMA SÓ

RÁ, RÁ, RÁ, RÓ, RÓ, RÓ,
ELA TEM É UMA SÓ!
RÁ, RÁ, RÁ, RÓ, RÓ, RÓ,
ELA TEM É UMA SÓ!

(DOMÍNIO PÚBLICO)

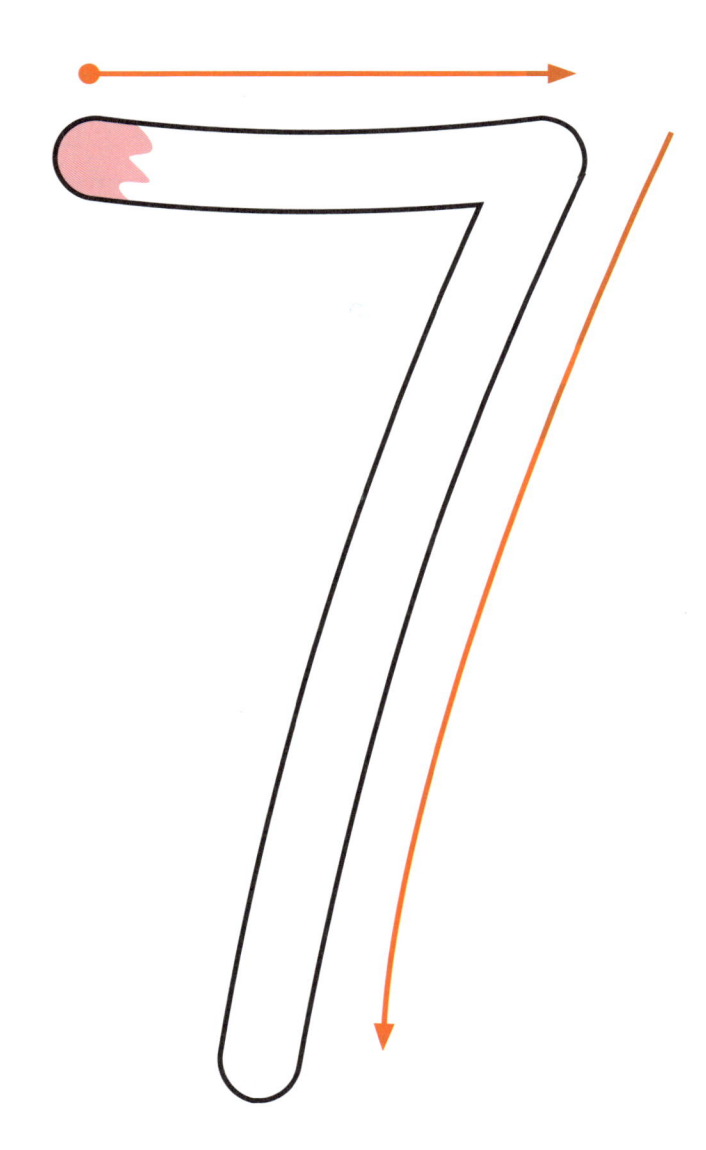

LIÇÃO 70

COLE NA ÁRVORE **7** LIMÕES. USE OS ADESIVOS DA PÁGINA 106.

7

VAMOS CANTAR?

MEU LIMÃO, MEU LIMOEIRO

MEU LIMÃO, MEU LIMOEIRO
MEU PÉ DE JACARANDÁ
UMA VEZ, TINDOLELÊ
OUTRA VEZ, TINDOLALÁ

(DOMÍNIO PÚBLICO)

LIÇÃO 71

CONTE OS ELEMENTOS E LIGUE A QUANTIDADE CORRESPONDENTE AO NÚMERO **7**.

7

LIÇÃO 72

CUBRA O TRACEJADO DO NÚMERO **7**.

CONTE E PINTE **7** BOLINHOS.

LIÇÃO 73

CONTE AS FRUTAS. DEPOIS, PINTE O NÚMERO QUE CORRESPONDE A ESSA QUANTIDADE.

FOTOS: PIXABAY

6   7

LIÇÃO 74

CUBRA O NÚMERO **8** DE ACORDO COM A INDICAÇÃO DAS SETAS. USE TINTA ROXA.

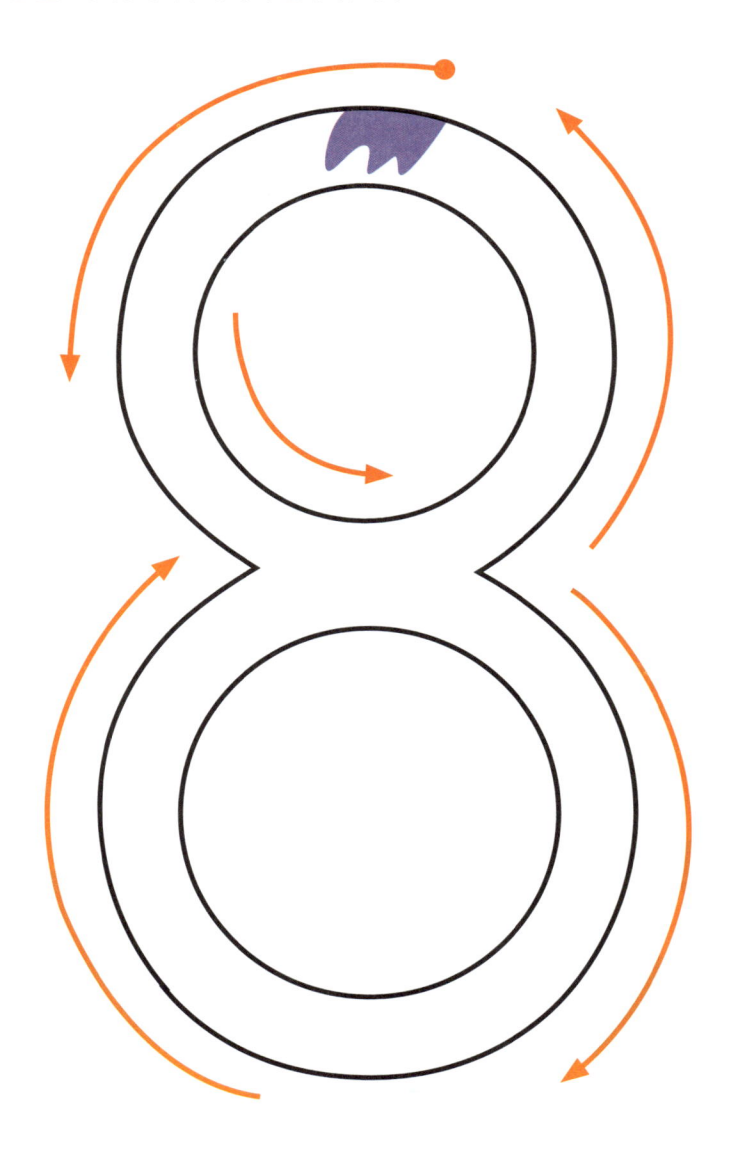

VAMOS CANTAR?

OS DEDINHOS

POLEGARES, POLEGARES
ONDE ESTÃO, AQUI ESTÃO
ELES SE SAÚDAM, ELES SE SAÚDAM
E SE VÃO, E SE VÃO

INDICADORES, INDICADORES
ONDE ESTÃO, AQUI ESTÃO
ELES SE SAÚDAM, ELES SE SAÚDAM
E SE VÃO, E SE VÃO

DEDOS MÉDIOS, DEDOS MÉDIOS
ONDE ESTÃO, AQUI ESTÃO
ELES SE SAÚDAM, ELES SE SAÚDAM
E SE VÃO, E SE VÃO

ANELARES, ANELARES
ONDE ESTÃO, AQUI ESTÃO
ELES SE SAÚDAM, ELES SE SAÚDAM
E SE VÃO, E SE VÃO

DEDOS MÍNIMOS, DEDOS MÍNIMOS
ONDE ESTÃO, AQUI ESTÃO
ELES SE SAÚDAM, ELES SE SAÚDAM
E SE VÃO, E SE VÃO

TODOS OS DEDOS, TODOS OS DEDOS
ONDE ESTÃO, AQUI ESTÃO
ELES SE SAÚDAM, ELES SE SAÚDAM
E SE VÃO E SE VÃO

(DOMÍNIO PÚBLICO)

LIÇÃO 75

VAMOS DESENHAR COM OS DEDOS? COMPLETE A ILUSTRAÇÃO FORMANDO UMA CENTOPEIA COM **8** PARTES.

LIÇÃO 76

CONTE OS ELEMENTOS E LIGUE A QUANTIDADE CORRESPONDENTE AO NÚMERO **8**.

LIÇÃO 77

CUBRA O TRACEJADO DO NÚMERO **8**.

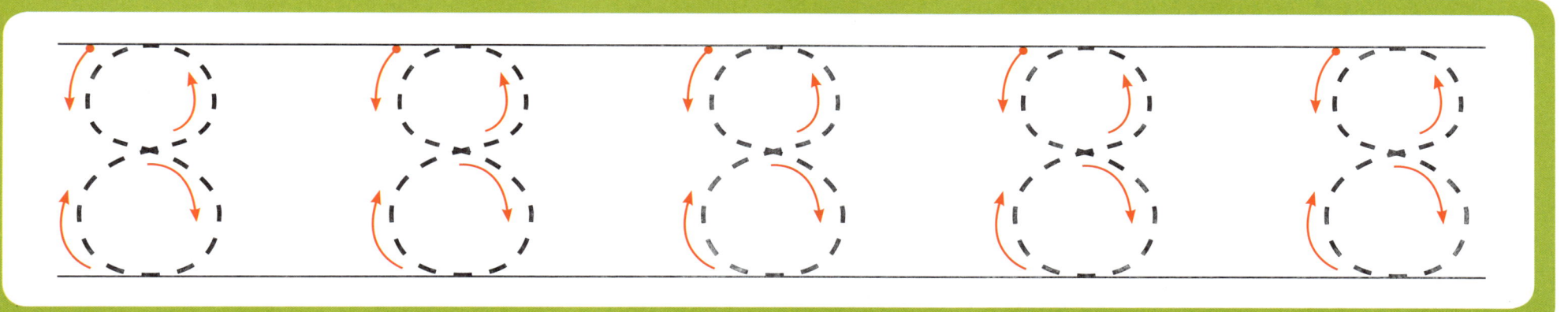

CONTE E PINTE **8** CAVALINHOS.

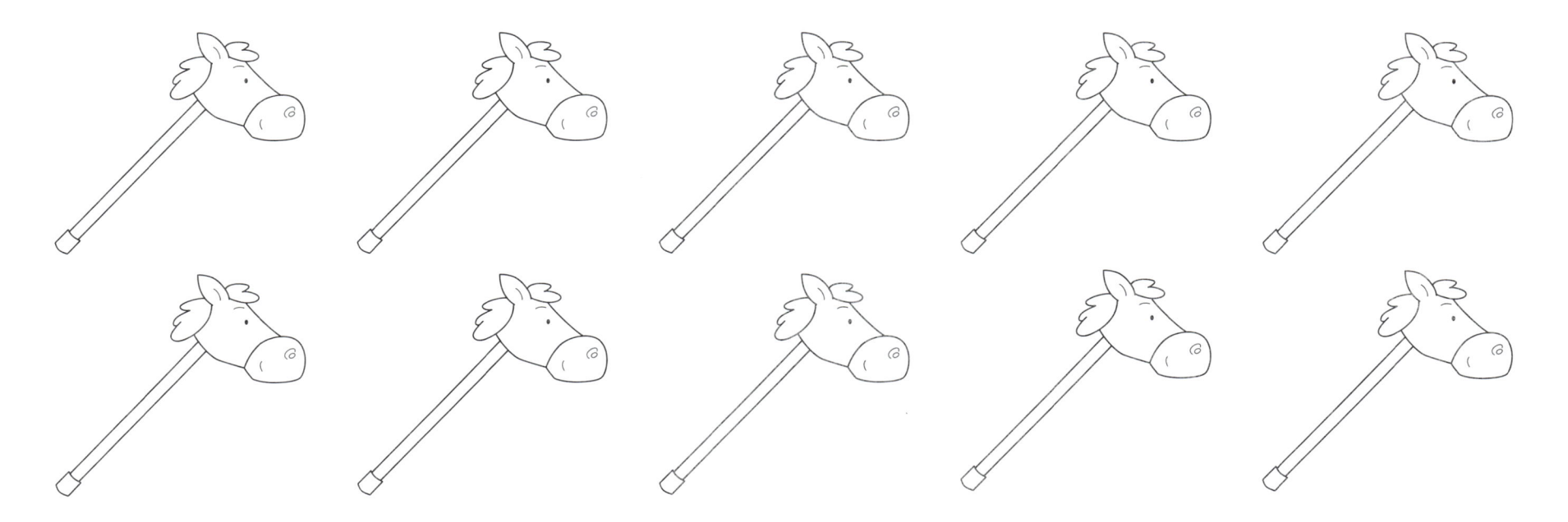

LIÇÃO 78

COLE OS ADESIVOS DOS NÚMEROS **6**, **7** E **8** DA PÁGINA 107, AO LADO DA QUANTIDADE CORRESPONDENTE.

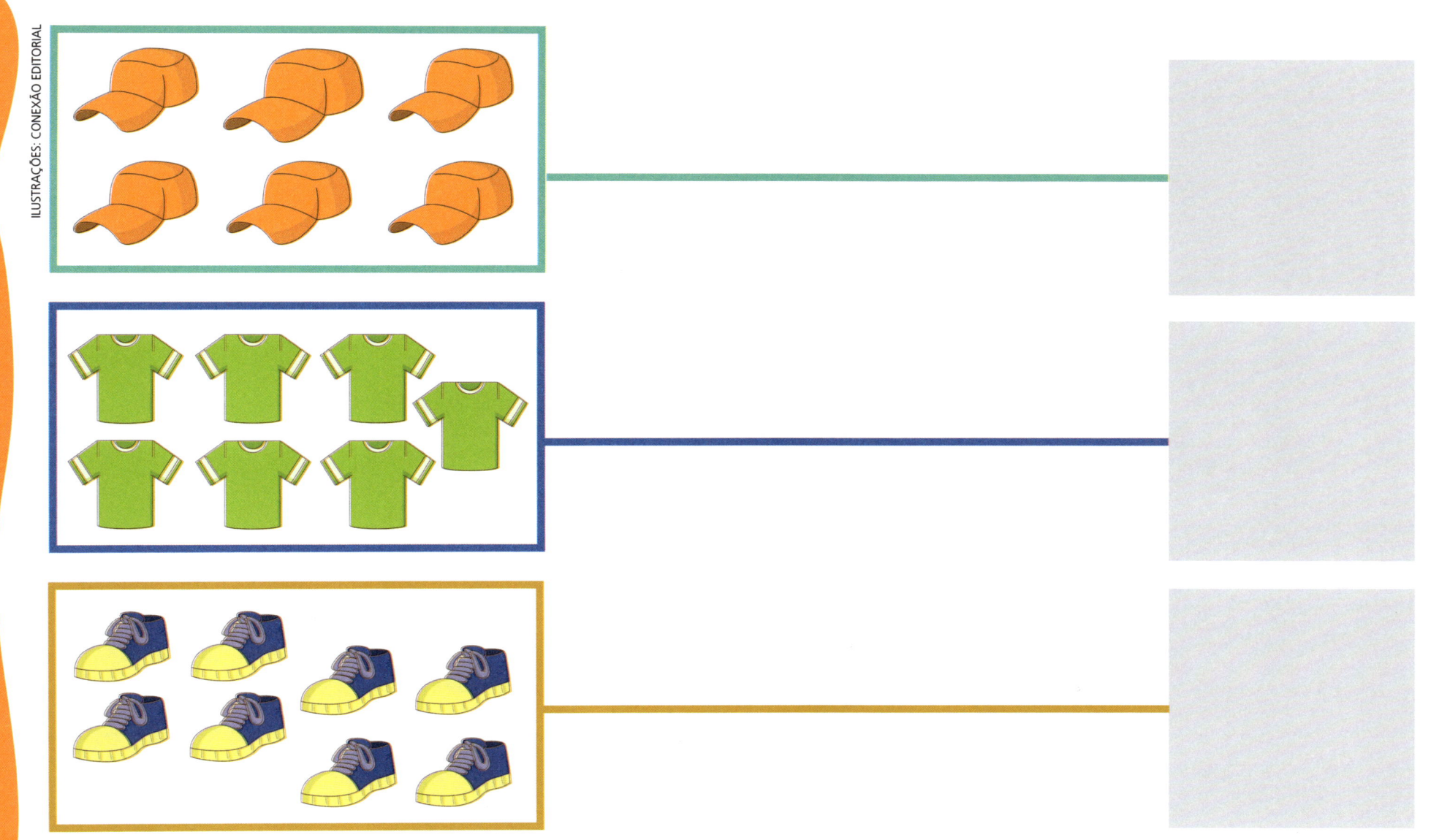

LIÇÃO 79

CUBRA O NÚMERO **9** DE ACORDO COM A INDICAÇÃO DAS SETAS. USE TINTA AZUL-CLARA.

VAMOS CANTAR?

INDIOZINHOS

UM, DOIS, TRÊS INDIOZINHOS
QUATRO, CINCO, SEIS INDIOZINHOS
SETE, OITO, NOVE INDIOZINHOS
DEZ NUM PEQUENO BOTE

IAM NAVEGANDO PELO RIO ABAIXO
QUANDO O JACARÉ SE APROXIMOU
E O PEQUENO BOTE DOS INDIOZINHOS
QUASE, QUASE VIROU
MAS NÃO VIROU!

(DOMÍNIO PÚBLICO)

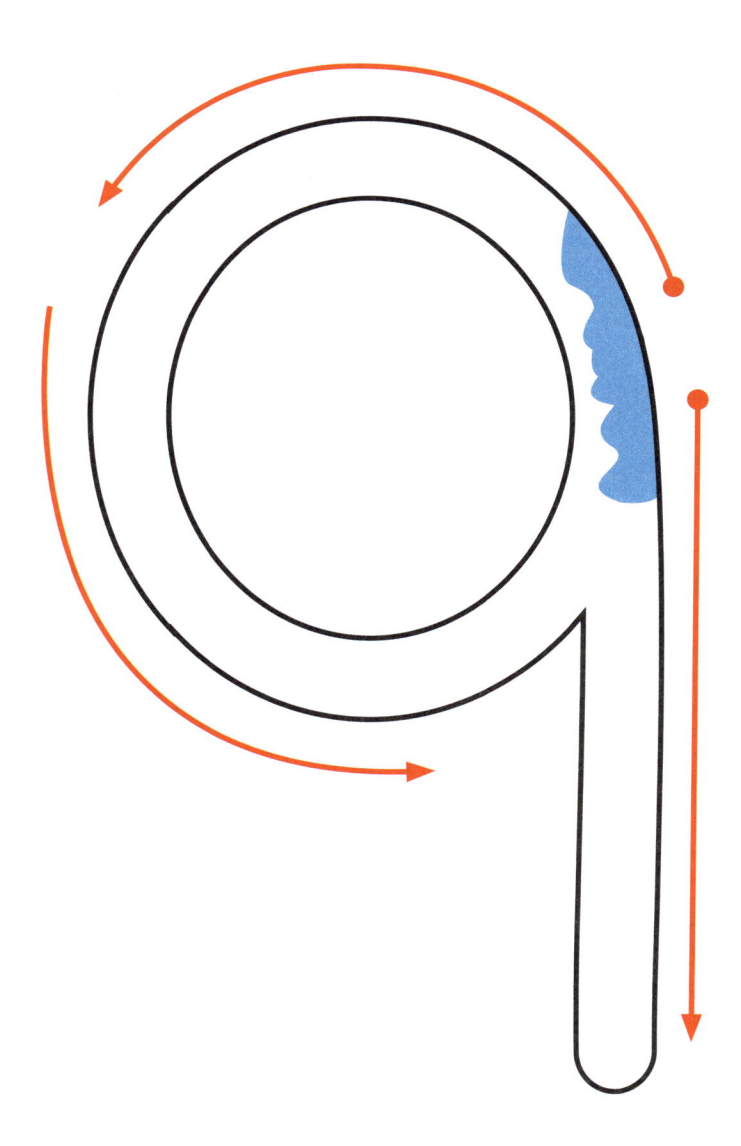

LIÇÃO 80

COLE **9** BALAS NO POTE. USE OS ADESIVOS DA PÁGINA 107.

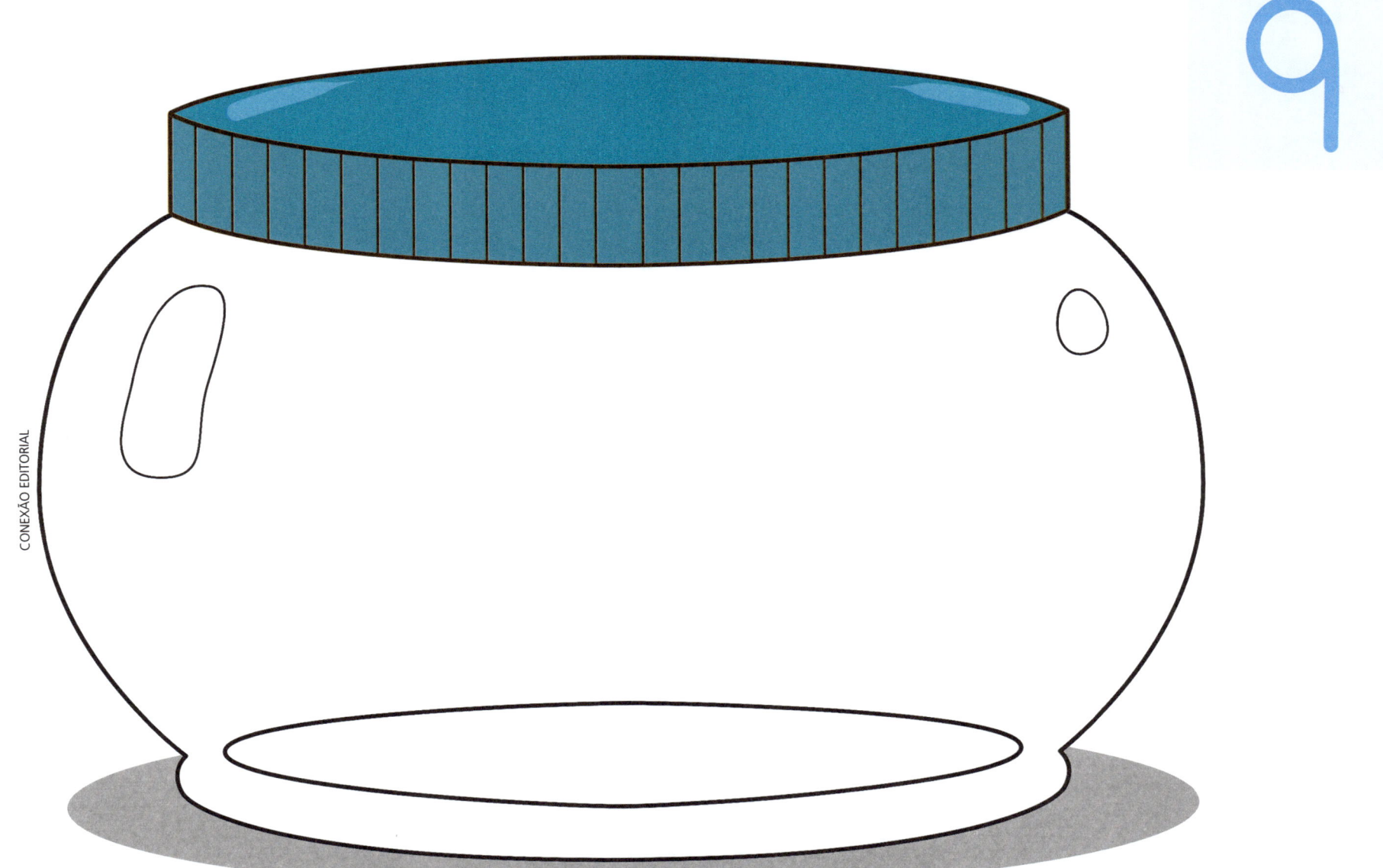

9

LIÇÃO 81

CONTE OS ELEMENTOS E LIGUE A QUANTIDADE CORRESPONDENTE AO NÚMERO **9**.

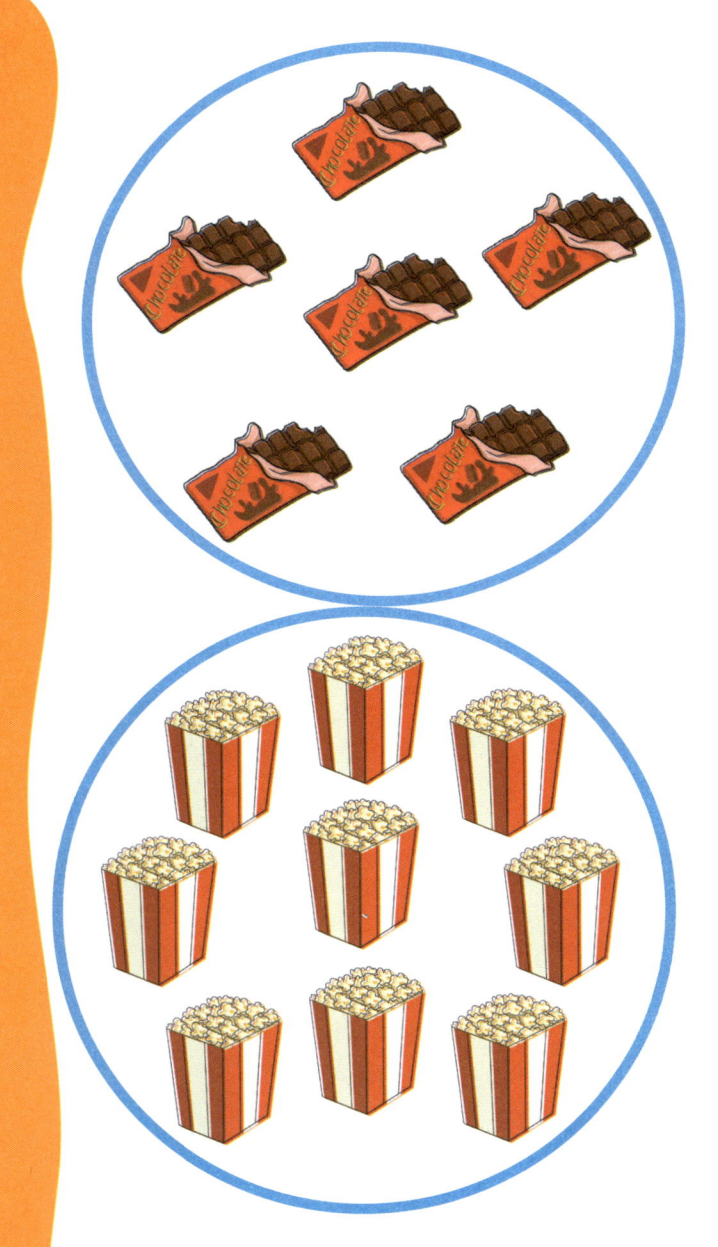

LIÇÃO 82

CUBRA O TRACEJADO DO NÚMERO **9**.

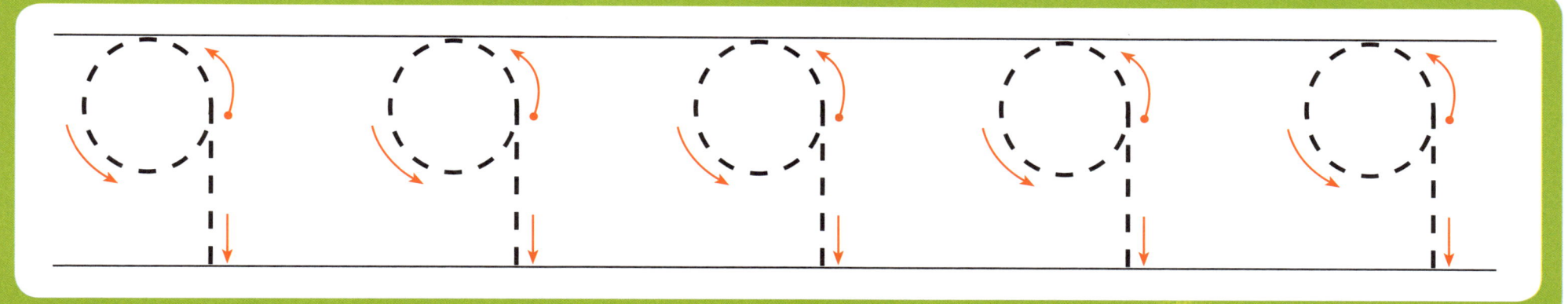

CONTE E PINTE **9** SAPOS.

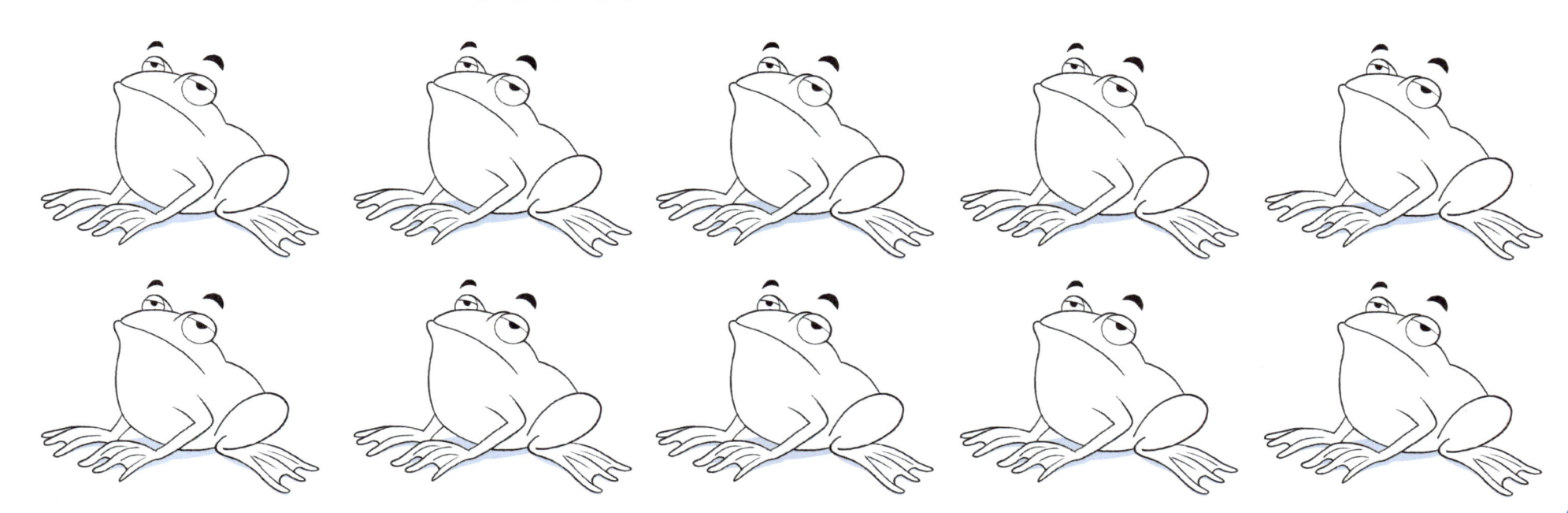

LIÇÃO 83

LIGUE OS NÚMEROS DE **1** A **9** E DESCUBRA O ANIMAL ESCONDIDO. DEPOIS, CONTE E PINTE OS OVOS.

VAMOS CANTAR?

A CASA DA GALINHA PINTADINHA

LÁ NA CASA DA GALINHA PINTADINHA
NO QUINTAL
TEM UM MONTE DE PINTINHOS
TEM ANIVERSÁRIO
QUASE TODO DIA
É UMA BAGUNÇA A CASA DA GALINHA
A GALINHA E O
GALO CARIJÓ

DISPONÍVEL EM: HTTPS://WWW.LETRAS.MUS.BR/GALINHA-PINTADINHA/A-CASA-DA-GALINHA-PINTADINHA/. ACESSO EM: 16 MAIO 2020.

LIÇÃO 84

CUBRA O NÚMERO **10** DE ACORDO COM A INDICAÇÃO DAS SETAS. USE TINTA VERDE-CLARA.

VAMOS CANTAR?

UM, DOIS,
FEIJÃO COM ARROZ;
TRÊS, QUATRO,
FEIJÃO NO PRATO;
CINCO, SEIS,
FEIJÃO INGLÊS;
SETE, OITO;
COMER BISCOITO;
NOVE, DEZ,
COMER PASTÉIS.

(DOMÍNIO PÚBLICO)

LIÇÃO 85

PINTE O CAMINHO NO QUAL OS NÚMEROS DE **1** A **10** ESTÃO NA ORDEM CORRETA.

LIÇÃO 86

CONTE OS ELEMENTOS E LIGUE A QUANTIDADE CORRESPONDENTE AO NÚMERO **10**.

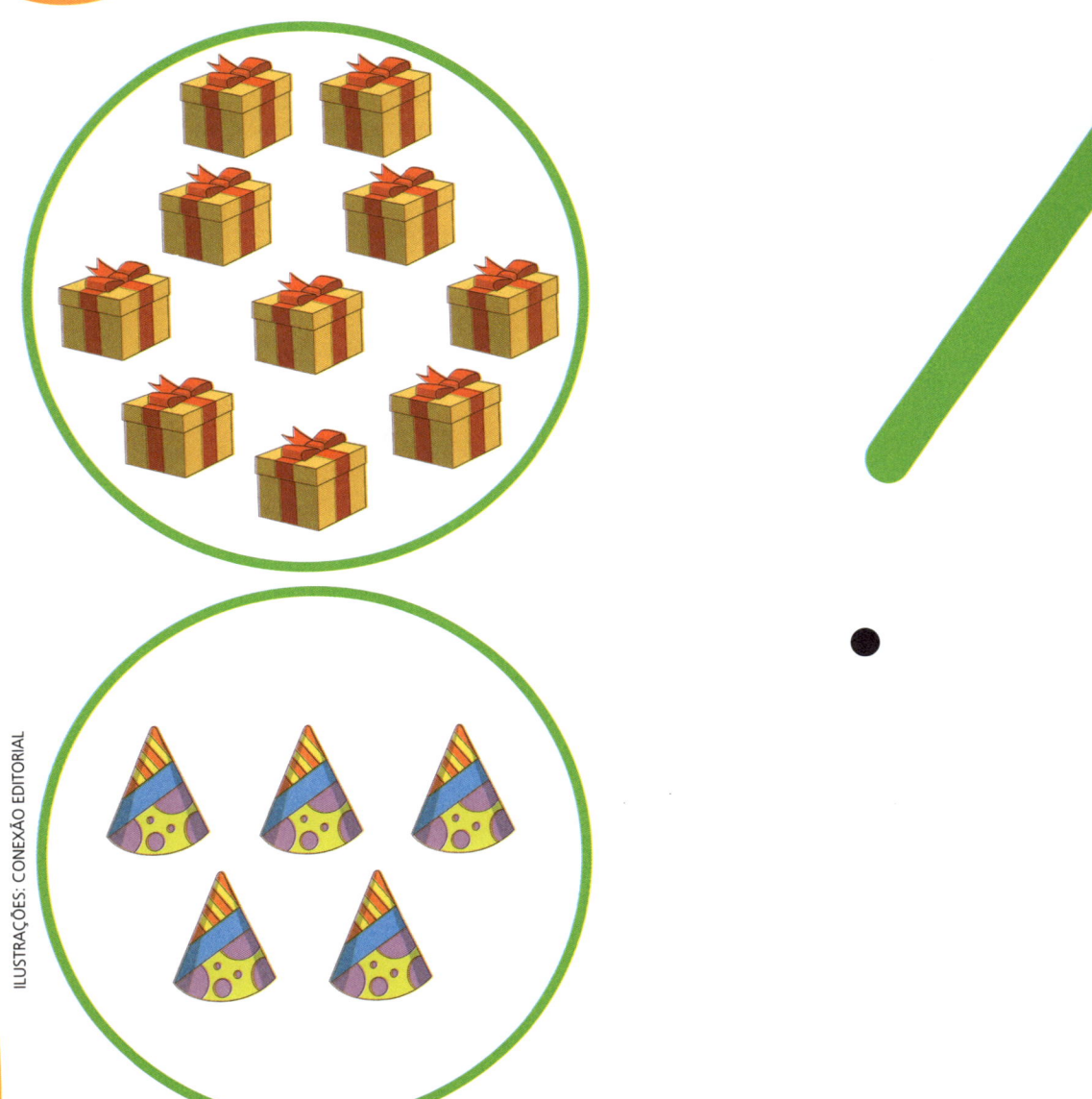

LIÇÃO 87

CUBRA O TRACEJADO DO NÚMERO **10**.

PINTE **10** PRESENTES.

LIÇÃO 88

COLE OS ADESIVOS DOS NÚMEROS **9** E **10** DA PÁGINA 107 AO LADO DA QUANTIDADE CORRESPONDENTE.

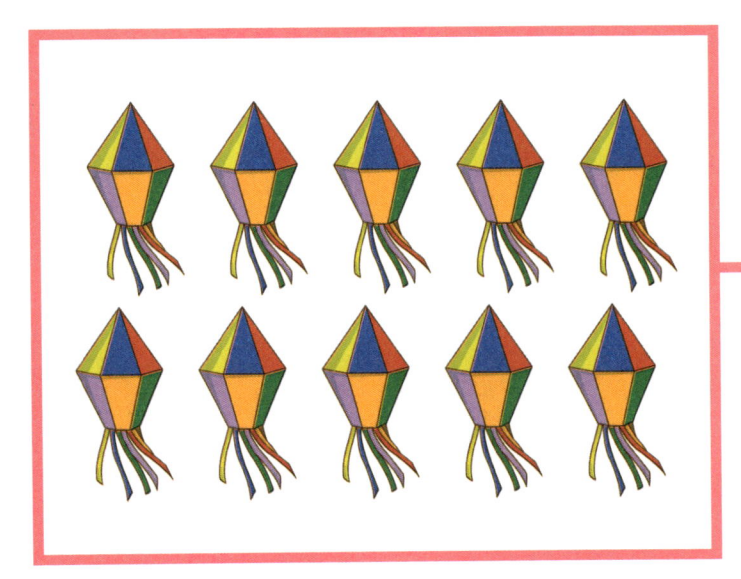

LIÇÃO 89

DESENHE EM CADA QUADRADO O NÚMERO DE ELEMENTOS INDICADOS NAS ETIQUETAS.

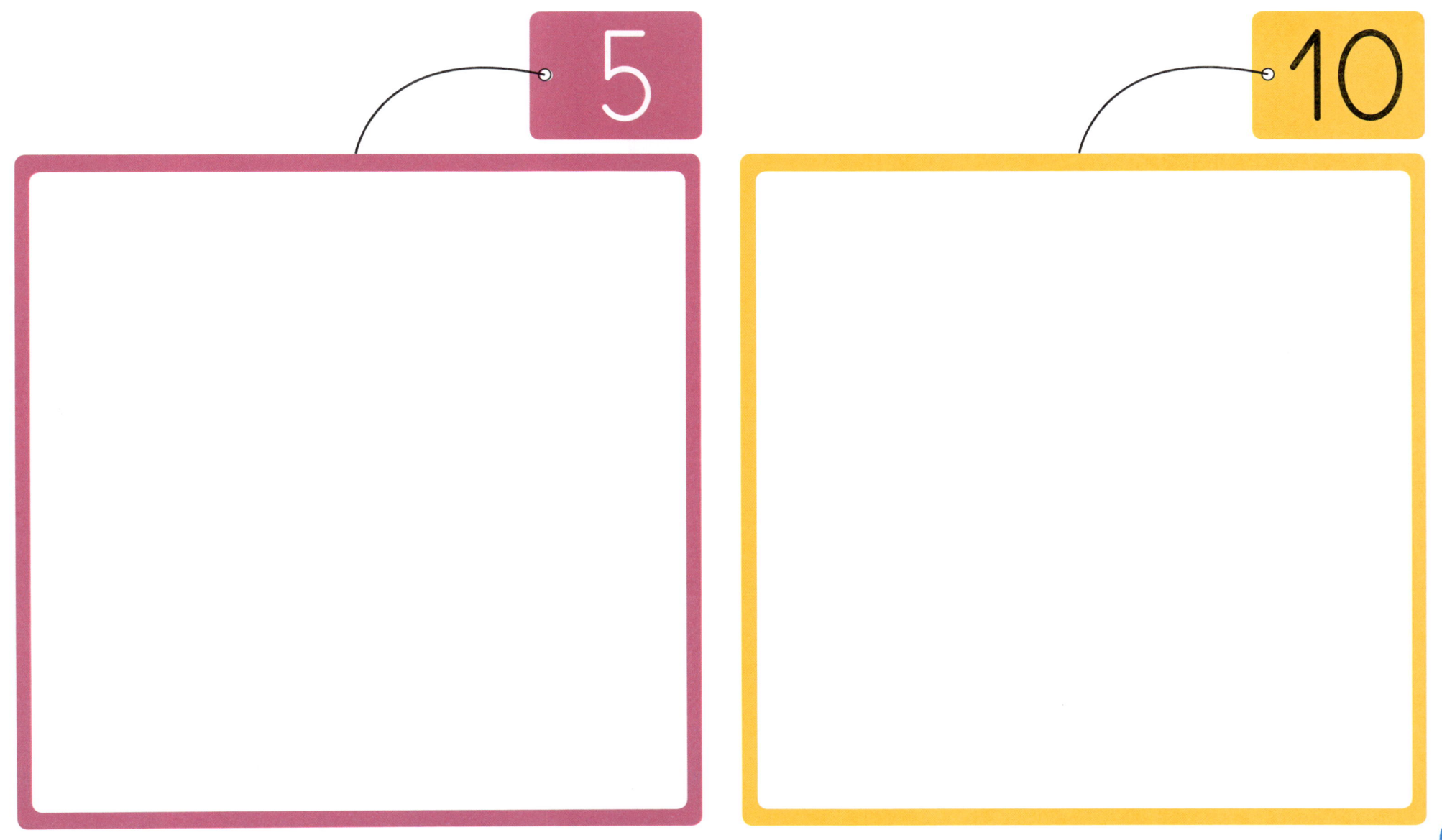

5

10

LIÇÃO 90

PINTE A CENTOPEIA. USE AS CORES INDICADAS.

LIÇÃO 91

PINTE DE AZUL AS **LETRAS** E DE AMARELO OS **NÚMEROS**.

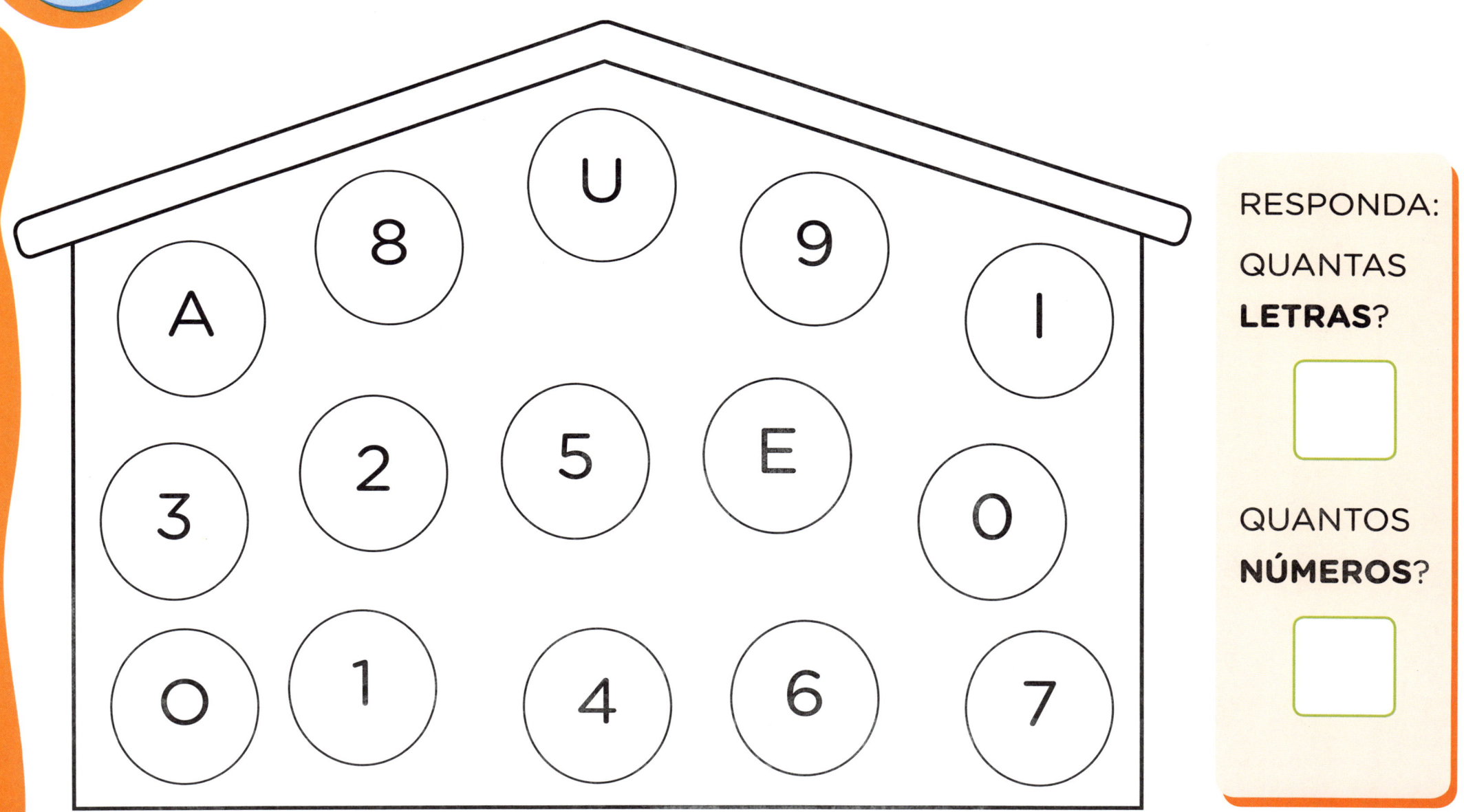

A 8 U 9 I
3 2 5 E O
O 1 4 6 7

RESPONDA:

QUANTAS **LETRAS**?

☐

QUANTOS **NÚMEROS**?

☐

LIÇÃO 92

ESCREVA LIVREMENTE OS NÚMEROS NOS QUADRINHOS.

1	2	3	4	5
6	7	8	9	10

ALMANAQUE

JOGO DA MEMÓRIA

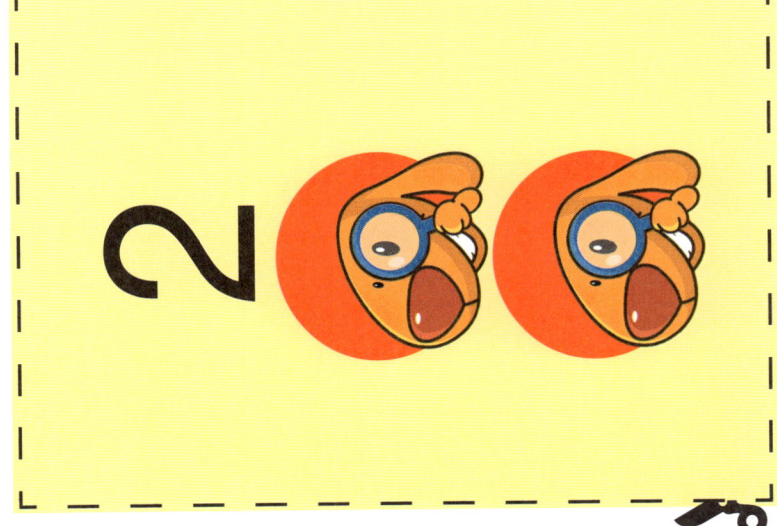

ALMANAQUE

3
4
4
5
5

Parte integrante da coleção **Eu gosto m@is** – Educação Infantil – Matemática – volume 1 – IBEP.

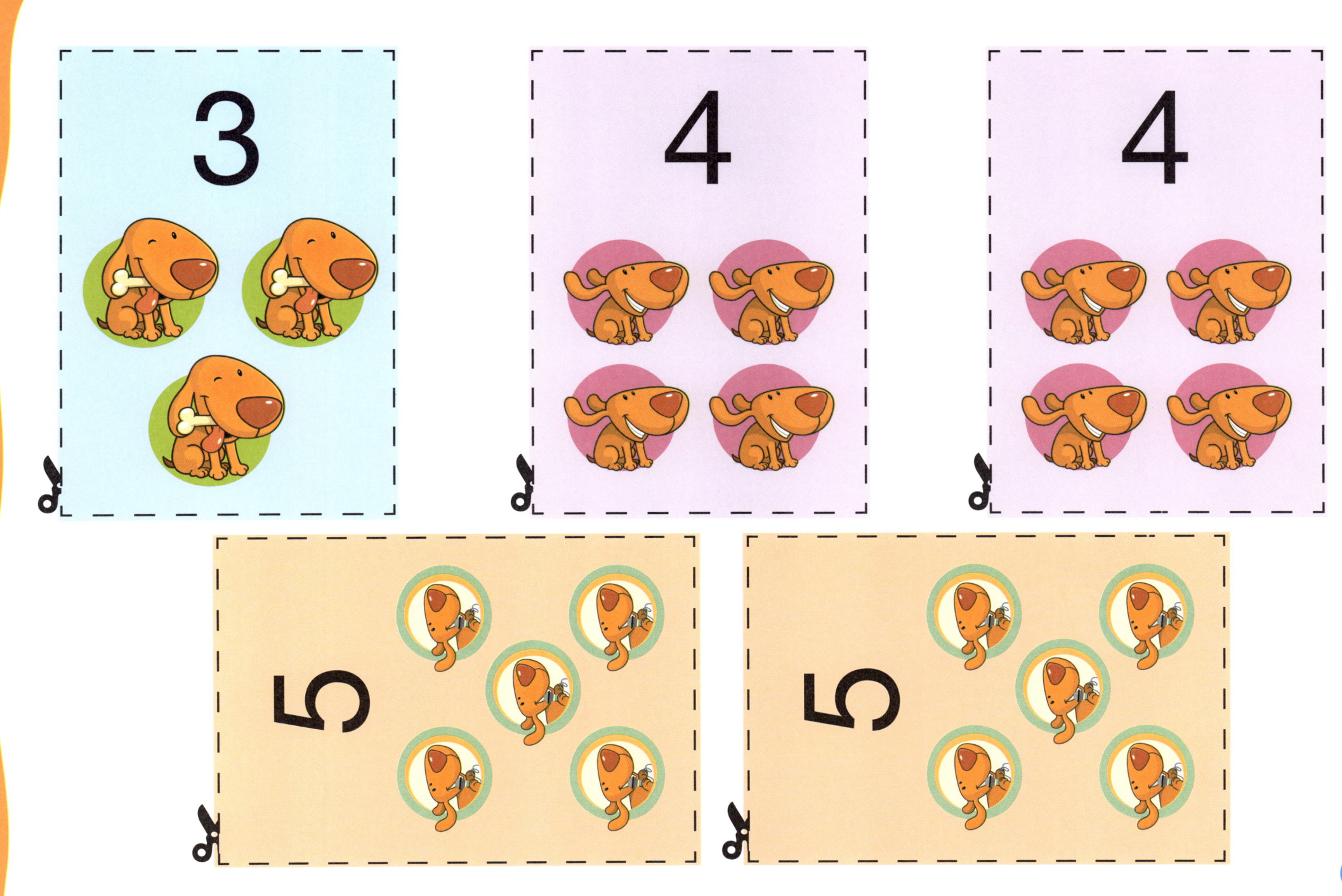

JOGO DAS FORMAS E DAS CORES

INSTRUÇÕES:
RECORTE AS FORMAS QUE ESTÃO NESTA PÁGINA. DEPOIS, COLOQUE-AS EM UM SAQUINHO OU EM UMA CAIXA PEQUENA.

REGRAS DO JOGO:
1. SORTEIE UMA PEÇA.
2. FALE O NOME DA FORMA E A SUA COR.
3. PROCURE UMA FORMA IGUAL A ELA NO TABULEIRO DA PRÓXIMA PÁGINA E COLOQUE A PEÇA EM CIMA DELA.

JOGO DAS FORMAS E DAS CORES

DOMINÓ

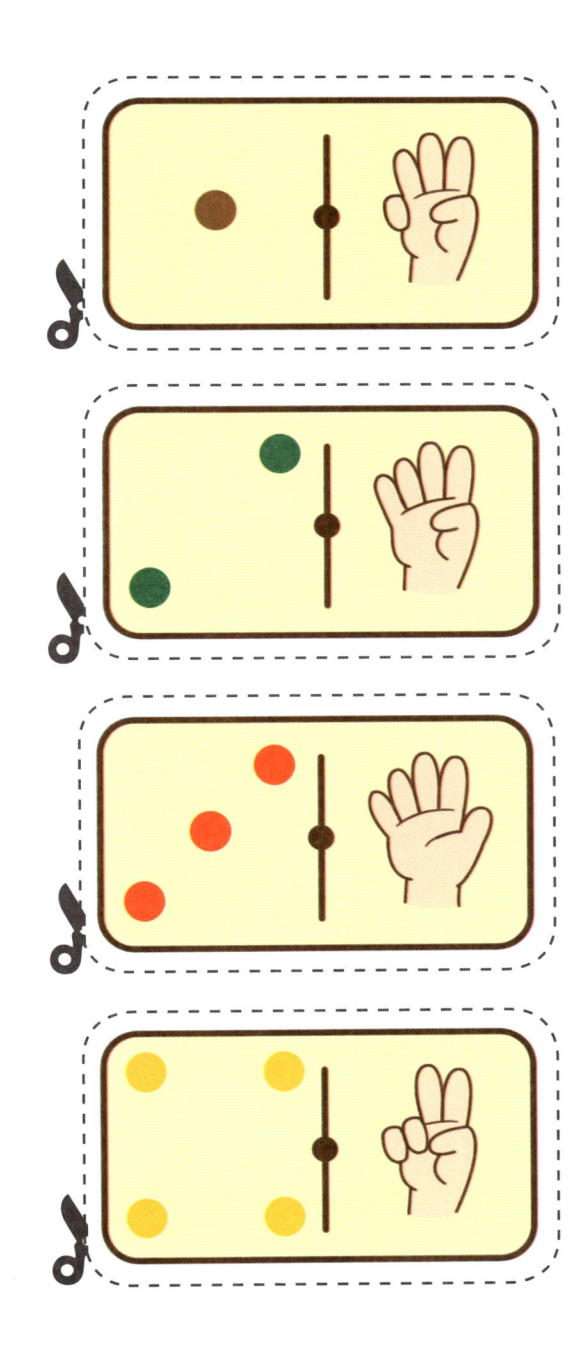

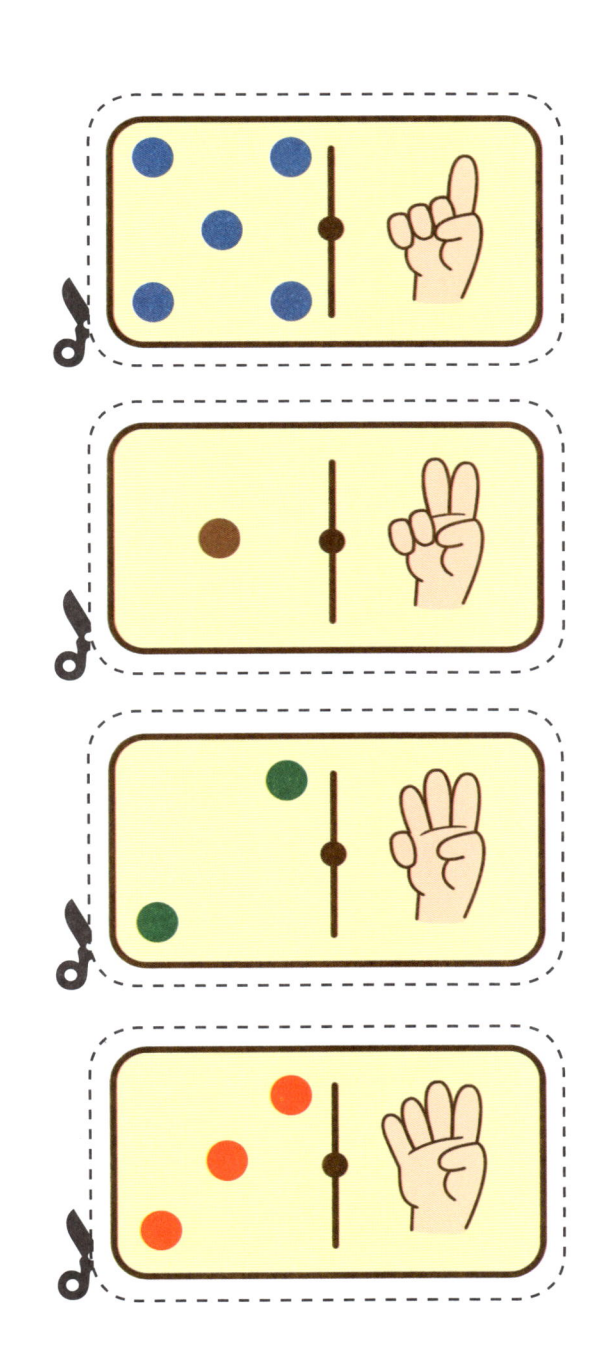

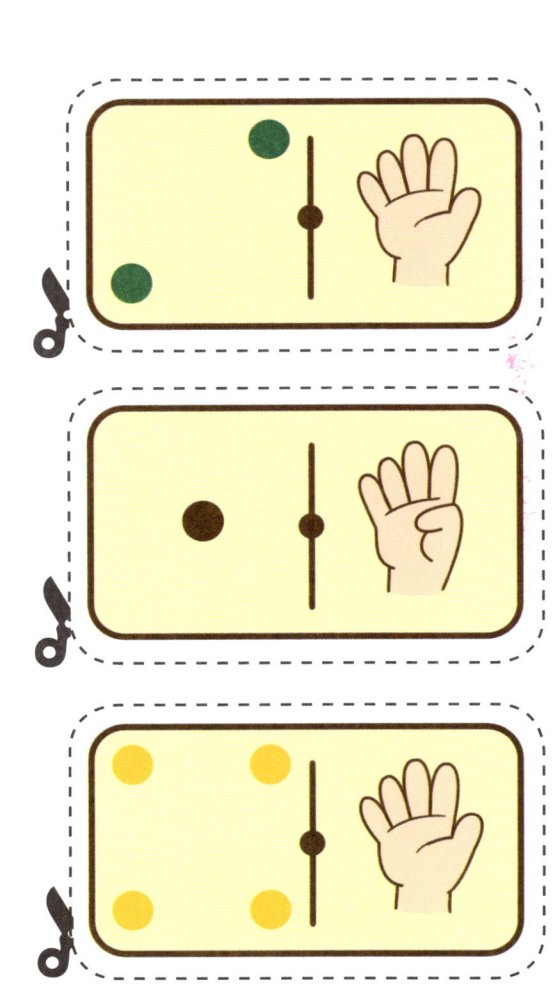

LIGUE OS PONTOS SEGUINDO A SEQUÊNCIA DOS NÚMEROS.

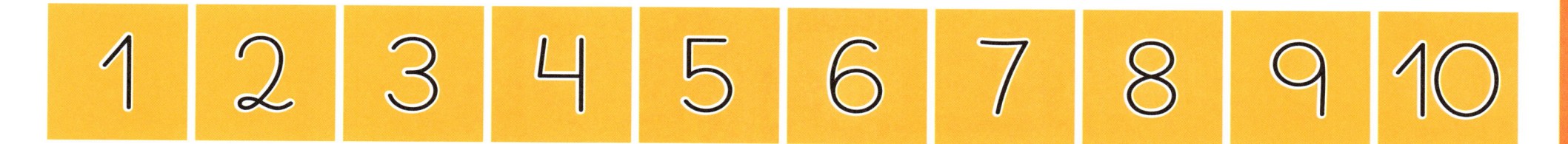

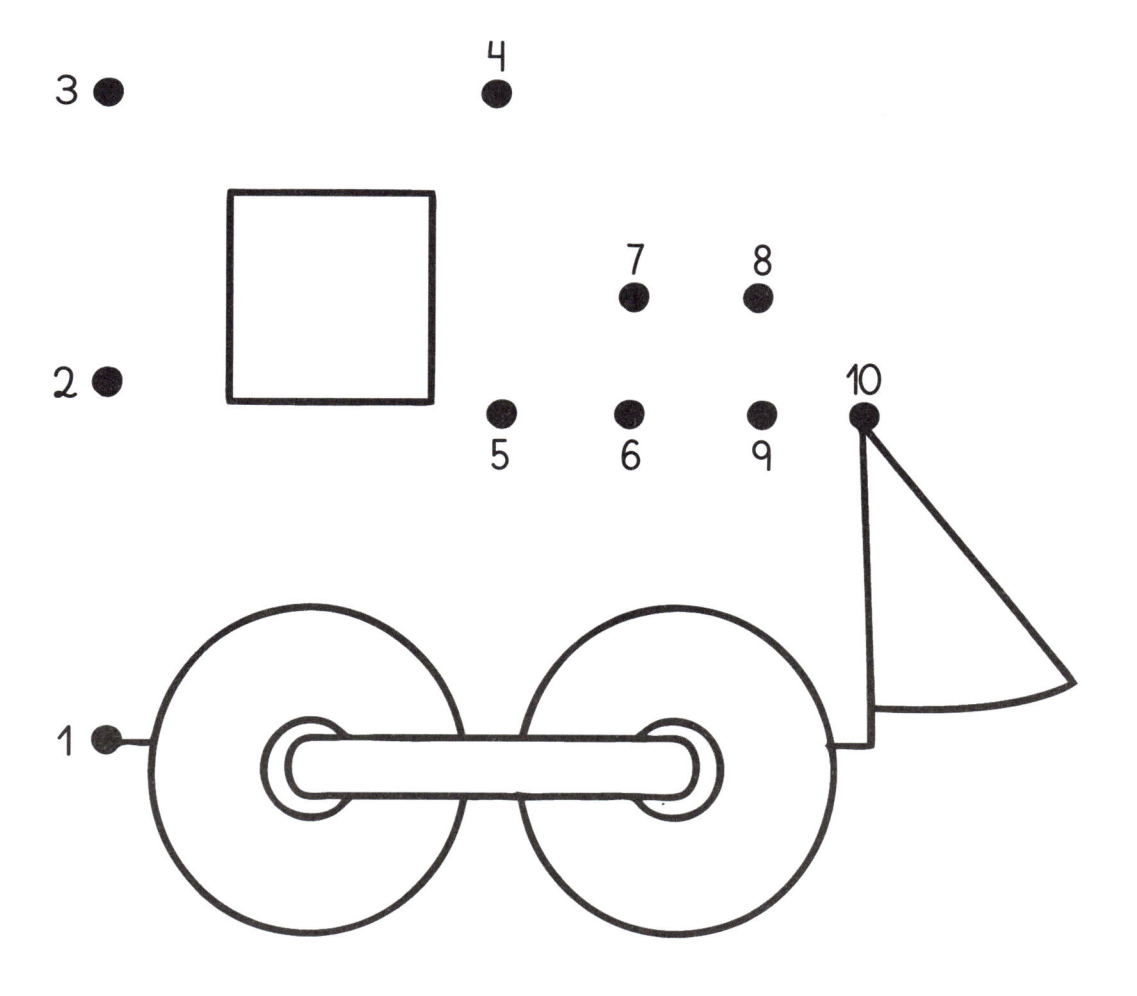

1 2 3 4 5 6 7 8 9 10

ALMANAQUE

COMPLETE O TABULEIRO COM AS CORES E FORMAS CORRESPONDENTES.

LIÇÃO 26

LIÇÃO 53

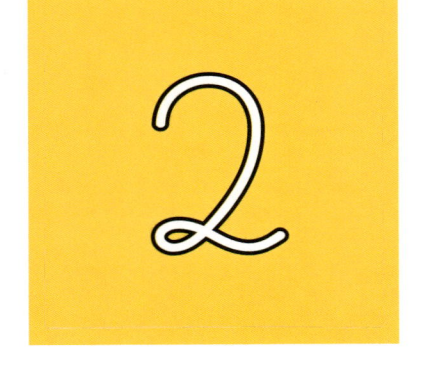

1
2
3

LIÇÃO 64

1
2
3
4
5

LIÇÃO 70

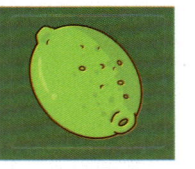

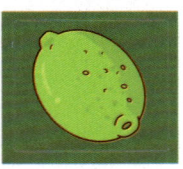

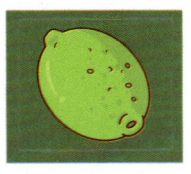

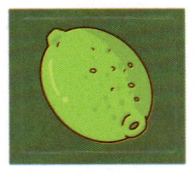

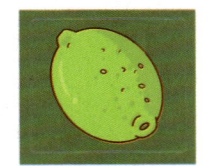

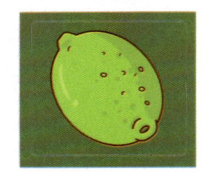

ADESIVOS

Parte integrante da coleção **Eu gosto m@is** – Educação Infantil – Matemática – volume 1 – IBEP.

LIÇÃO 78

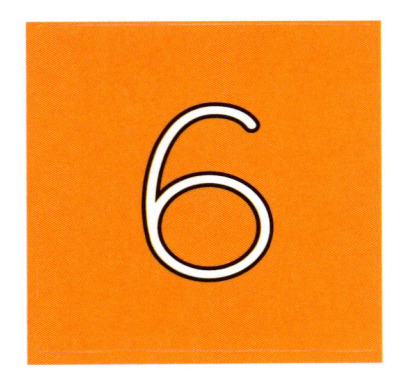

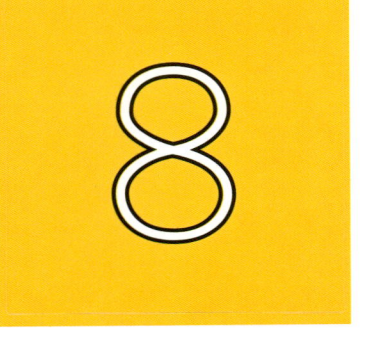

6

7

8

LIÇÃO 80

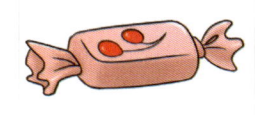

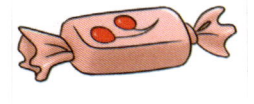

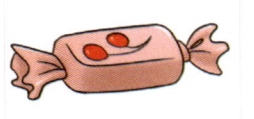

LIÇÃO 88

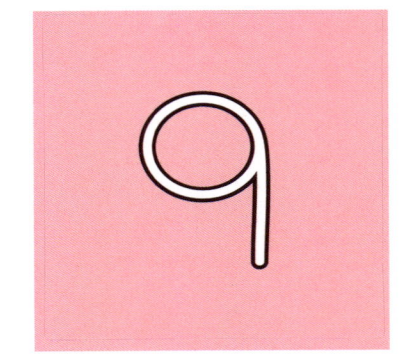

9

10

ADESIVOS

Parte integrante da coleção **Eu gosto m@is** – Educação Infantil – Matemática – volume 1 – IBEP.